Kolofon

©Mathias Jansson (2015)

"Floppydiskar, gäspningar och spökskepp – essäer om samtidskonst"

ISBN 978-91-86915-23-0

Utgiven av:

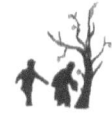 "jag behöver inget förlag"

c/o Mathias Jansson

Tvärvägen 23

232 52 Åkarp

http://mathiasjansson72.blogspot.se/

Tryckt:Lulu.com

Essäerna har tidigare varit publicerade i Tidningen Kulturen.

Innehåll

Friheten på barrikaderna 3
Ett skepp kommer lastat med spöken 7
Konst utanför ramen 14
Floppydiskar och hårddiskar som konst och miljöhot 19
Bland skräckslagna blad och gurktoner 25
Konst att gäspa till 30
Piratbio och en hårddisk med stöldgods 36
Eau de Artiste – lukten av en konstnär 45
Äta konst? 49
Lysrörskonstens okrönta kung 56
Svart kvadrat på skärm och duk 61
Ett museum för stulen konst 66
Konstmuseet på åsnans rygg 70
Tiggarrobotar och heliga trashankar 76
Svartsjuka, otrohet och brustna hjärtan i konsten 83

Friheten på barrikaderna

Vi tar fel väg tillbaka till hotellet och plötsligt står vi framför en avspärrning på trottoaren med blommor och brinnande ljus. Vad det här det hände? Nej, det var väl inte här? Det måste ha varit i någon annan del av Paris? Tillbaka på hotellet tar jag fram mobilen och söker efter Charlie Hebdo. Jag ser hur en punkt lyser upp på kartan ett par hundra meter från vårt hotell. Det var här det hände den 7 januari 2015. Terrorattacken mot satirtidningen Charlie Hebdo då tolv människor miste livet.

Tidigare under kvällen har vi ätit middag ett stenkast från Bastiljen och jag kan känna hur historiens vingslag än en gång skapar svallvågor i vår samtid. Den 14 juli 1789 stormas Bastiljen av folket och den franska revolutionen inleds. Det var här det hände. Folket reste sig mot den enväldiga kungamakten och lade grunden till västvärldens demokratiska samhällssystem där frihet, jämlikhet och broderskap blev ledorden. Men det var också här det hände. Inte långt från platsen där friheten steg upp på barrikaderna för att kämpa mot förtrycket och censuren inträffade en av vår tids allvarligaste angrepp mot demokratin och yttrandefriheten.

Dagen därpå befinner vi oss på Louvren och när jag passerar Eugène Delacroix målning *Friheten på barrikaderna* (1830) stannar jag kvar en stund och funderar över vilken stark symbolik det finns i målningen och hur högaktuell den är idag. Bilden av den halvnakna kvinnan som beslutsamt med trikoloren i sin vänstra hand och geväret i den högra kliver över barrikaderna och de döda kropparna i täten för folket som reser sig mot överheten, är en bild som vi har sett reproducerad i många medier. Nyhetsfotograferna verkar alltid hitta en ung kvinna med en flagga i spetsen för en upprörd folkmassa. Om det så rör sig om protester i Athen mot den ekonomiska krisen, uppror mot makten på ett torg i Kiev eller från den arabiska våren i Tunisien. Friheten på barrikaderna har blivit en bild som förknippas med den vanliga människans kamp för frihet mot förtryck och diktatur. Det vi kanske glömmer bort är att frihetskampen aldrig är enkel och inte speciellt romantisk eller heroisk som den framställs i Delacroix målning. Även om den franska revolutionen i förlängningen skapade vårt demokratiska samhälle så blev det många bakslag längs vägen. Det folkliga upproret följdes av inbördeskrig och terrorvälde och avslutades med att Napoleon Bonaparte krönte sig själv till kejsare 1804 och folkets rättigheter och friheter inskränktes än en gång. Att den arabiska våren verkar ha stannat upp och de frihetslängtande ukrainarna verkar stå inför ett krig är enligt historien bara en del i en lång och tyvärr blodig process mot ett demokratiskt samhälle.

Marianne, ja så heter hon, kvinnan på Delacroix målning. Det är ingen verklig person utan Marianne är en allegori, en symbol för den franska republiken som i sin tur har inspirerats av den romerska gudinnan Libertas, frihetens gudinna. Det finns andra romerska gudinnor som följt med in i vårt moderna samhälle som Justitia rättvisans gudinna och Victoria segerns gudinna. De är kvinnor som ofta fått stå i frontlinjen när det varit oroliga tider. På propaganda- och reklamaffischer från världskrigen hittar man Libertas och Victoria vid sidan av andra starka kvinnliga förebilder från historien som Jeanne d'Arc som manar folket att köpa krigsobligationer och hjälpa till att bekämpa fienden. Även i propagandamaterial från Ryssland och Kina kan vi hitta många kvinnor som med en röd fana i spetsen samlar folket för att slåss mot orättvisor och förtryck. Alla verkar de ha Delacroix målning som förlaga.

Vid inloppet till New York står kanske den mest kända kvinnan som inspirerats av Delacroix tavla. Libertas reser sig högt över vattnet med sin fackla i handen som en symbol för demokrati och frihet. I den andra håller hon en tavla med datumet 4 juli 1776. Dagen då de brittiska kolonierna utropade sin självständighet från Storbritannien, en händelse som direkt var inspirerad av den franska revolutionen. Frihetsgudinnan skapades av den franska skulptören Frédéric Auguste Bartholdi och ingenjören Gustave Eiffel och var en gåva från Frankrike till USA och invigdes 1886.

Från vår egen tid kan vi titta på den kinesiska samtidskonstnären Yue Minjuns version av Delacroix verk. Minjuns kännetecken är att han i sina målningar använder en karikatyr av sitt eget skrattande ansikte. I *Friheten på barrikaderna* (1996) har Minjun målat in sig själv med ett stort skratt över hela ansiktet i alla rollerna på tavlan. Vi ser Minjun som kvinnan med trikoloren, som pojken med pistolen, som mannen med den svarta hatten och som offren i förgrunden. Det är lite svårt att ta verket på allvar då det påminner om en parodi på Delacroix verk. Med tanke på den kinesiska censuren skulle man kunna se det hela som en maskering. Alla som har sett originalet vet vad den föreställer och vilket budskap den förmedlar. Att folket skulle resa sig mot kommunistregimen och kräva demokrati och frihet är inget budskap som den kinesiska staten vill basunera ut. I Minjuns version avväpnas det farliga innehållet genom skrattet, precis som hovnarren tillåts han att framföra sitt budskap så länge det inte tas på allvar. Men alla som känner till originalet kan se bakom skrattet och tolka in ett samhällskritiskt budskap i målningen.

Delacroix målning spelar idag också en viktig roll som symbol för proteströrelsen FEMEN. Gruppen grundades i Ukraina 2008 och har under åren utvecklats till en internationell proteströrelse. Det som är kännetecknade för FEMENs protester är att det är barbröstade kvinnor som protestera mot orättvisor genom att måla slagord på sina nakna överkroppar. Återigen är det Libertas, den barbröstade frihetens gudinna som stiger upp på barrikaderna för att försvara folket mot orättvisor. Det är passande att Libertas symboliseras av en kvinna och inte en man. Under den franska revolutionen spelade kvinnorna en stor roll och det är en tradition som FEMEN och andra kvinnliga proteströrelser fortsätter att förvalta. När du nästa gång ser en FEMEN protest på TV, tänk då på Delacroix målning *Friheten på barrikaderna* och att vår rätt till frihet är något som vi hela tiden måste kämpa hårt för att behålla.

Ett skepp kommer lastat med spöken

Med öppna armar springer hon mot mig. Ur mörkret frigör sig de andra gestalterna från väggarna och närmar sig, som vålnader glider de ljudlöst fram mot mig. Gary Hills videoinstallation *Tall Ships* som jag såg på Bildmuseet 1995 är en av mina starkaste konstupplevelser och det är också det närmaste jag har kommit när det gäller att möta ett spöke. Gary Hill skapade verket 1992 och det består av ett långt mörkt rum där videoprojektorer styrda av datorer och sensorer reagerar på besökarens rörelser. I det avlånga mörka rummet framträder tolv personer som närmar sig besökaren när han kommer närmare och går bort när han avlägsnar sig. I kortändan möter besökaren en flicka som springer mot honom med utsträckta armar. Mörkret, tystnaden och de diffusa svartvita gestalterna som rör sig spöklikt i rummet skapar en atmosfär, som inte känns skrämmande, men som ändå har något övernaturligt och drömlikt över sig. Skuggvarelserna söker kontakt med dig, det är som om de vill kommunicera, men som spöken är de oförmögna att tala eller att röra vid dig.

Hill har berättat att titeln *Tall Ships* är inspirerad av ett fotografi från 1930 som föreställer några av de sista stora segelfartygen. Fartyg som nu tillhör historien, men som en gång majestätiskt gled fram över världshaven med gods och människor till främmande kontinenter. Några turist- och skolskepp finns förstås kvar men annars är de stora fullriggarna historiska spöken som seglar på minnenas ocean, som den flygande holländaren. Legenden om den flygande holländaren har cirkulerat i skrifter sedan 1700-talet. Det är berättelsen om kaptenen som misslyckas med att runda Godahoppsudden vid Sydafrikas spets och därför förbannar Gud, något han straffas för. Kaptenen och hans besättning blir dömda att segla på världshaven till domedagen utan möjlighet att lägga till vid hamnen och vila. För den yngre publiken har den flygande holländaren blivit känd genom filmserien *Pirates of the Caribbean*. I filmerna möter vi den fördömda kapten Davy Jones som styr det berömda spökskeppet över haven.

Den flygande holländaren har förekommit i flera litterära verk sedan 1800-talet och framåt. Inom konsten brukar Albert Pinkham Ryders målning från 1887 dyka upp. Det är en oljemålning som föreställer ett stormande hav, de perfekta förhållandena då holländaren brukar visa sig. I en liten båt kämpar några människor mot stormen då plötsligt ett självlysande spökskepp avtecknar sig mot horisonten. På Statens Museum for Kunst i Köpenhamn finns en tavla av August Strindberg som också har titeln *Den flygande holländaren* (1892). Den påminner om många andra av Strindbergs havsmotiv där ett stormande hav möter en himmel med dramatiska moln. Allt målat med tjocka färglager i grå-vit-gröna nyanser. Till skillnad från Ryders skepp är Strindbergs anonymt, och hade det inte varit för det blekgula seglet så skulle man knappt se båten i det stormande havet. Strindbergs skepp är inte någon skräckinjagande spöksyn som uppenbarar sig för sjömän, utan snarare ett fördömt skepp utlämnat till naturens krafter, som en vilsen själ som kämpar mot makterna på livets hav. Ett mer passande motiv för Strindbergs idévärld. Strindberg skulle senare i livet återkomma till legenden om spökskeppet i ett ofullbordat drama från 1902 som anses vara inspirerat av Richard Wagners opera från 1843.

Den litterära kopplingen mellan spöken och konst verkar vara ganska vanlig i konsthistorien framför allt under romantiken. Spöken ur Shakespeares dramer återkommer till exempel i flera målningar. Den danska 1700-tals målaren Nicolai Abildgaard gjorde runt 1778 ett verk där *Hamlet visar sin mor sin faders vålnad*. I hörnet står skuggan av fadern i full stridsrustning medan Hamlet försöker visa sin mor var spöket har uppenbarat sig. Tavlan är lite komisk eftersom det ser ut som om Hamlet bär en alldeles för liten illgrön gympadräkt som obekvämt skär in i rumpan på honom. Ett annat Shakespeare-motiv hittar man hos den franska romantiska konstnären Théodore Chassériau som 1854 målade *Macbeth ser Banquos spöke*. I dramat låter Macbeth döda Banguos vars spöke senare i handlingen uppenbarar sig för Macbeth under en fest.

Förutom att hämta motiv från litterära förlagor har det också varit vanligt att konstnärer har illustrerat böcker. Den brittiska konstnären Richard Westall illustrerade flera av Shakespeares dramer och har bland annat gjort etsningen *Brutus och Caesars spöke* (1802). En annan konstnär som blivit känd för sina bokillustrationer är Gustave Doré som illustrerat många av de stora klassiska verk där spöken, gastar, demoner och liknande återfinns. Jag tänker på till exempel Dantes *Den gudomliga komedien* med alla osaliga andar och spöken som huvudpersonen möter under sin vandring i underjorden, på romanen om Don Quixote där det finns en episod där don Quixote möter Merlins spökskelett, och Charles Dickens välkända *En julberättelse* där den elaka Scrooge måste följa med spökena på julnatten.

Vår samtids fascination för spöken verkar vara minst lika omättlig. Det finns en uppsjö av böcker, filmer, dokumentärer och dataspel som handlar om spöken och det övernaturliga. Museum Morsbroich i staden Leverkusen i Tyskland arrangerade vintern 2012 en utställning om övernaturliga fenomen i samtidskonsten. I utställningen deltog ett tjugotal konstnärer och en av dem var Corinne May Botz som i projektet *Haunted Houses* har fotograferat platser runt om i USA som förekommer i muntliga spökhistorier. Vi har alla hört om eller gått förbi ett öde hus som det berättas historier om att det spökar i. Botz letade upp dessa platser, fotograferade av dem och samlade in berättelserna. Det finns nämligen en gammal idé om att kameran kan fånga det som vi inte kan se. I den viktorianska eran fick inte bara spökhistorier ett uppsving utan det var också under den här perioden som fotografiet fick sitt genombrott. En genre som blev populär var andefotografering där man försökte fånga det osynliga med kamerans lins. På de svartvita bilderna ser man oförklarliga skuggor och spöken som dyker upp bredvid personen som avporträtteras. I många fall rörde det sig om en ren bluff där enkla fotoeffekter som dubbelexponering användes för att skapa spökena. I andra fall berodde spöknärvaron i bilden på tekniska fel på kamerautrustningen. Botz blev iallafall inspirerad av de Viktorianska fotografierna och i sina bilder letar hon efter det som saknas. I själva frånvaron i fotografiet anser Botz att man kan förnimma det dolda.

Sue de Beer var en annan av utställarna. I videoverket *The Ghosts* har hon hämtat inspiration från den italienska filmgenren "Gialli". Gialli var skräckthrillers som producerades på 1960-talet och som innehöll mycket våld och nakna kvinnor. De brukar därför betraktas som en föregångare till slasher-genren. Beers verk består av en tvåkanals videoinstallation och innehåller fyra monologer som berättar om en hypnotisör som kan återföra förlorade minnen till deras rätta ägare. Som ett spöke från det förflutna framträder och återuppväcks de förlorade minnena ur det undermedvetna, och hypnositören påminner om ett medium som kan komma i kontakt med det förflutna. Spöket är det som vi kan förnimma i våra medvetanden men som vi inte kan se om vi inte får hjälp av någon med speciella förmågor som kan återupprätta kommunikationen.

Konstnären Susan Hiller återkommer hela tiden när man talar om spöken och det övernaturliga i konsten. Hon är utbildad antropolog och konstnär. I sina verk utforskar hon det mystiska, det undermedvetna, det paranormala och andra upplevelser och fenomen som trotsar de logiska förklaringarna. I till exempel videoverket *Psi Girls* (1999) projiceras fem scener från filmer där unga kvinnor med hjälp av telekinetiska krafter kan påverka sin omgivning, som *The*

Fury (1978) av Brian de Palm och *The Craft* (1996) av Andrew Fleming. Scenerna har tonats i olika färger, redigerats och synkroniserats så att de bildar en enhetlig projektion. Unga kvinnor som besitter övernaturliga krafter återkommer i många skräckfilmer. Stephen Kings *Carrie* är ett känt exempel där den unga kvinnan på gränsen till vuxenvärlden upptäcker sina dolda krafter och använder dem för att hämnas på sina plågoandar. I filmen *Poltergeist* fungerar det oskyldiga barnet som ett medium och en portal mellan andevärlden och vår värld. Spökfenomen verkar i grunden handla om ett försök till kommunikation mellan olika världar och tillstånd. Spöken är populärkulturens motsvarighet till metafysiken. De fungerar som en brygga mellan det vi kan se och förstå och det som är osynligt och dolt. När konstnärer använder sig av spöken i sina verk är det ofta ett sätt att försöka skapa en kommunikation med besökaren, som i exemplet med Gary Hills installation *Tall Ships*.

Vi återvänder en kort stund till havet. Ute i vattnet står en man med utsträckta armar medan vågorna väller över honom. Det är en scen ur Shaun Gladwells videoverk *The Flying Dutchman in Blue* (2013) som består av en koreografisk nytolkning av Wagners opera. Gladwell är en konstnär som gärna blandar konsthistoria med populärkultur och vad är då bättre än att iscensätta Wagners opera med hjälp av surfare på en strand i Australien? Wagners opera handlar om den fördömda Holländaren som bara kan frälsas från sin förbannelse om han hittar en kvinna som är honom trogen intill döden. På den norska kusten möter Holländaren den unga Senta, som han blir förälskad i. Men genom ett missförstånd tror Holländaren att han blivit bedragen och ger sig av. Förtvivlad kastar sig Senta i havet och drunknar, men Gud förbarmar sig över de två älskande och ger dem tillträde till himmelriket.

Man kan säga att Wagners opera handlar om bristande kommunikation mellan ett kärlekspar. Att den ena är ett fördömt spöke som tvingats segla på havet i hundratals år och den andra en ung kvinna underlättar förmodligen inte kommunikationen mellan dem. När Gladwell väljer surfare för att gestalta operan kan man tolka det som att han försöker gestalta kommunikationen mellan två olika världar och skapa en symbios mellan två främmande element. Havet är vårt ursprung, men vi har fjärmat oss från det och havet har blivit dödligt för oss, eftersom vi kan drunkna i det. För en surfare handlar det därför om att kunna läsa av havet och bli ett med vattnet för att kunna surfa på den perfekta vågen och uppgå i en form av symbios med vattnet för att nå ett euforiskt tillstånd. Vår fascination för spöken är kanske bara en önskan och längtan att förena och förstå något som är större än oss själva. En dröm om att uppgå i en större verklighet och sammanhang. Helt enkelt att tämja det okända och känna friheten att surfa på den perfekta vågen i den översinnliga verkligheten?

Konst utanför ramen

Varför är alla tavlor så fyrkantiga? Hur många målningar har du egentligen sett som sticker ut från den rektangulära formen? Även om konstnärer i stilar och motiv har försökt att bryta ny mark så har de envist hängt kvar vid den rektangulära ramen. Ta bara Picasso, en av de stora förnyarna av måleriet. När han skapade den kubistiska stilen så bröt han sönder verkligheten i geometriska former men själva målardukens traditionellt rektangulära form behöll han. Ser man tillbaka i konsthistorien så kan man naturligtvis hitta avvikande former. När det gäller altartavlor så kan man lyfta fram Leonardo da Vincis *Madonnan i grottan* från cirka 1491 som ett exempel där ramen består av en rektangel som avslutas med en halvcirkel. Formen förstärker i det här fallet motivet med det välvda valvet i grottan. Leonardo målade *Madonnan i grottan* på en panel av trä vilket gör det lite enklare att experimentera med olika geometriska former än när man enbart arbetar med en duk som spänns på en ram.

Under renässansen blev det också vanligt att använda sig av runda och ovala former. Den ovala och runda formen användes både för porträtt att hänga på väggen men även för miniatyrbilder som var gjorda att passa i smycken, som en berlock. Franz Hals är en av många konstnärer i konsthistorien som målat ovala porträtt. Det som är spännande med Hals är att han i *Porträtt av man* från runt 1627 försöker bryta sig ur ramens slaveri genom en lekfull trompe l'oeil teknik. Mannen på porträttet sträcker nämligen ut sin ena hand utanför ramen och skapar en illusion att han överskrider gränsen mellan konstverket och betraktaren. Den spanska konstnären Pere Borrell del Caso flyttade gränsen ytterligare i målningen *Flykten från kritiken* (1874). Tavlan föreställer nämligen en ung pojke som håller på att klättra ut från tavelramen. Han håller på att rymma från konstverket eller rättare sagt från kritikerna och betraktarens blick.

Trots dessa undantag och djärva försök att bryta mot normen så har fyrhörningstavlan haft en monopolställning i konsthistorien. Det är egentligen först under 1960-talet man på allvar började luckra upp monopolet och det sker genom att man helt enkelt kastar ramarna. Sextiotalet var på många sätt en gränsöverskridande epok inom konsten. Det var på 60-talet som det abstrakta måleriet fick sitt genombrott i Amerika och det uppstod olika hybridformer mellan måleri och skulptur, som till exempel Rauschenbergs "combine paintings" där vardagliga objekt blev en del av målningen. Konstnärerna började också experimentera med nya former som sträckte sig ut i verkligheten utanför ramens illusion.

Utställningen *The Shaped Canvas* på Guggenheim Museum 1964 kurerad av Lawrence Alloway etablerade begreppet "Shaped Canvas" som idag används för att beskriva alla dessa målningar som bryter mot den traditionella rektangulära formen. Konstnärer som Frank Stella, Ellsworth Kelly och Jeremy Moon med flera skapade tavlor med former av romber, trianglar, diamanter, trapetsoider och andra geometriska figurer. Målningarna utfördes på olika material som pannå, duk eller metall, men det gemensamma var att man inte hade några ramar utan det var snarare inspirationen och materialet som fick bestämma formen. Förra året (2014) var det 50 år sedan utställningen på Guggenheim arrangerades, vilket galleriet Luxembourg & Dayan i New York uppmärksammade med utställningen *The Shaped Canvas, Revisited*. Förutom att visa klassiska verk av Frank Stella, Kenneth Noland och Elizabeth Murray fanns även en yngre generation konstnärer representerade som Justin Adian och Rebecca Ward. Det verkade som om den rektangulära ramens monopol äntligen var bruten efter hundratals år av tyranni.

Idag är det inte ovanligt med målningar som spränger den rektangulära formen och i teorin är måleriets gränser flytande och kan ta sig alla möjliga uttryck. Trots det verkar måleriet vara en konservativ genre och besöker du en konstutställning så kommer du att se att majoriteten av målningarna fortfarande består av rektangulära dukar. En märklig variant av den ramade rektangulära tavlan hittar man hos Lucian Freud i hans stora målning *After* Cézanne(2000) som är en parafras på Paul Cézannes målning *Afternoon in Naples*. Målningen var från början rektangulär men byggdes sedan ut så att den fick den ovanliga formen där det ser ut som om Freud kapat bort en rektangel från tavlans ena hörn och sedan ramat in tavlan.

Ramen kan naturligtvis även användas för att leka med och ifrågasätta konventionerna. År 2009 gjorde Banksy utställningen *Banksy versus Bristol Museum* där han visade några verk som i traditionen från Franz Hals och Pere Borrell del Caso bryter med ramens illusion. Banksy använde till exempel en reproduktion av den franska målaren Jean-

François Millets verk *The Gleaners* från 1857 som föreställer tre kvinnor som samlar vetestrån på ett fält. Banksy har i bilden skurit ut den ena kvinnan och placerat henne sittande på tavelramen rökandes en cigarett. Precis som pojken i del Casos målning har kvinnan fått nog och klivit ur tavlan för att ta en rökpaus. I ett annat verk som föreställer ett landskap vid medelhavet där ett segelfartyg ankrat upp i en vik ser vi hur flygande tefat anfaller jorden och skjuter gröna laserstrålar mot marken. Ett av tefaten hänger ovanför tavlan och skjuter sin laserstråle in i tavlan och bryter på så sätt mot ramens illusion. Banksys konsthistoriska verk ingår i en hel generations bildvärld av memes och parafraser där man enkelt förändrar konsthistoriska bilder i datorn genom att lägga till element från samtiden och populärkulturen.

Det finns även museum som tänjer på ramens begränsningar och skapar interaktiva utställningar. Art In Island museum i Manila på Filippinerna som öppnade i december 2014 består av målningar som är fyllda av visuella 3D effekter. Om du placerar dig framför verket i en speciell position så ser det ut som om du håller på att bli uppäten av en haj, blir dubbad till riddare, slickad av en tiger eller försöker fånga en sko från flickan som gungar i Fragonards målning *Gungan* (1767). Tanken med utställningen är att skapa en lekfull upplevelse där besökarna interagerar och tar bilder med sina mobiler och på så sätt blir en del av konstverket. Naturligtvis hittar man Pere Borrell del Casos pionjärverk *Flykten från kritiken* (1874) i utställningen och Millets verk *The Gleaners* där alla tre kvinnorna klättrar ut från tavlans vetefält och nu står och målar på museets golv. Framtidens målningar vill inte bara bryta sig ur ramens begränsningar utan strävar efter att bli en del av verkligheten och helt sudda ut gränserna mellan betraktare och konstverk. Vi ska inte bara se på tavlorna utan vi ska också kunna gå in i dem och bli en del av konstverken.

Floppydiskar och hårddiskar som konst och miljöhot

När familjens gamla super-8 filmer äntligen fördes över till VHS-kassetter och man kunde se morfar spela badminton med faster Rut och kusinerna som badade i havet igen, ja då dröjde det inte länge innan videospelaren började fasas ut och familjefilmerna än en gång fick överföras från VHS-band till DVD-skivor. Även DVD skivor verkar nu sjunga på sista strofen när våra minnen i allt högre utsträckning överförs till andra digitala lagringsmedier eller helt enkelt laddas upp i molnet. Man har en känsla av att vår historia inte riktigt hinner med den snabba tekniska utvecklingen utan stora delar ligger fortfarande kvar på magnetband, diabilder, VHS-kassetter eller gamla datorer med föråldrade operativsystem.

Inom konsten pågår sedan lång tid tillbaka desperata försök att bevara världens konstsamlingar från skadeinsekter, miljögifter, solljus och andra faror som hotar att bryta ner och förstöra de ovärderliga konstverken. Det finns därför en armé av restauratörer och konservatorer som arbetar med att ta hand om de fysiska objekten, men den stora utmaningen i framtiden kommer att handla om vårt digitala kulturarv. Idag är mycket konst digital men hur tar man hand om och visar konst som finns bevarad på till exempel gamla disketter? Det räcker inte att man har disketten med konstverket, det måste också finnas en fungerande maskin att stoppa disketten i och rätt program som kan visa konstverket. Och om maskinen går sönder hur hittar man reservdelar? En tavla eller en staty är på så sätt mycket enklare att bevara till eftervärlden. För en tavla som är femtio år gammal är fortfarande modern medan ett dataprogram som är tio år gammalt betraktas som uråldrigt.

I Karlsruhe i Tyskland ligger ZKM Center for Art and Media som har en av världens största samlingar av digitalkonst och som också är en av de som leder utvecklingen när det gäller digital konservering. ZKM samlar på gammal teknik som TV-apparater och datorer som kan användas för att visa äldre mediakonst på. En del digitalkonst försöker man rädda genom att överföra till nya system och nya tekniker, men en grundläggande fråga är vad som händer med konstverket längs denna överföringsprocess? Ett konstverk som är gjort för att visas på en dator med Windows 95, hur ser det ut på en dator med Windows 8? Det är ungefär som om man skulle ta Michelangelos berömda Davidsstaty som ursprungligen gjordes i marmor i början av 1500-talet och först överföra den till en version i aluminium och efter några decennier återigen göra en ny version i plast. Skulle det verkligen vara samma konstverk?

Ett aktuellt exempel är Andy Warhols försvunna disketter. Runt 1985 använde sig konstnären Andy Warhol av hemdatorn Amiga 1000 för att skapa digitala bilder. I nästan trettio år låg några gamla floppydisketter från Amigan i arkivet till The Andy Warhol Museum innan de upptäcktes igen. Nu går det visserligen fortfarande att få tag i en fungerande Amiga 1000 men problemet var att bilderna hade sparats i ett filformat som man inte kände igen. Det krävdes därför många månaders arbete för att kunna återställa filerna och kunna visa de digitala konstverken för världen igen. Man kan bara tänka på hur många disketter och hårddiskar som tillhört konstnärer som innehåller spännande skisser och färdiga konstverk som glömts bort av omvärlden.

På iMal i Bryssel visades i början av 2015 utställnigen *Welcome to the future*. Den bestod av New Media Art från 1990-talet, det vill säga före internets genombrott då verken sparades och spreds på CD-romskivor och floppydisketter. Tjugo år senare är det förknippat med stora problem att visa verken vilket sätter fingret på den digitala konstens problem när det gäller bevarande-aspekten. I början av 1990-talet fanns det en stor experimentlust hos konstnärerna och det var också en tid då det fanns många olika aktörer som utvecklade olika program och verktyg. Ingen tänkte då på hur verken skulle kunna visas om tjugo år utan man använde de program och de verktyg som man hade till hands. Det var inte bara konstnärer som drogs med av den nya teknikens möjligheter utan även artister som Peter Gabriel skapade interaktiva CD-skivor med extramaterial anpassade för sin tids datorer och program. Även om det i dag finns en större standardisering när det gäller webb och programvara, och större möjligheter att konvertera filer mellan olika plattformar, så vet ingen om dagens appar och multimediafiler fortfarande kommer att kunna användas om tjugo år.

Konstnären Christopher Locke har i serien *Modern fossils* satt fingret på vår tids snabba tekniska utveckling. Locke har gjort ett antal cementavgjutningar av tekniska artefakter så att de påminner om gamla fossiler som man kan hitta i bergen. Istället för avtryck av växtdelar och ben ser vi en gammal mobiltelefon, spelkonsoler från Nintendo, ett kassettband och disketter. Föremål som för dagens unga ser ut som teknik från dinosaurietiden men som egentligen bara har några decennier på nacken. Katherine Behar har också skapat konst av det som kallas för e-waste, det vill säga vårt digitala avfall. I hennes skulpturer har elektronikdelar som USB-portar, hårddiskfläktar, sladdar och ljus bäddats in i lager av stenar och cement och skapat en form av fossiler. Skillnaden är att det här är levande fossiler som i en dystopisk framtid har blivit en del av jordens nya ekosystem där natur och teknik har smält samman i nya hybrider och levnadsformer.

Även om data på olika lagringsmedier blir oläslig och värdelös så kan man precis som Locke och Behar använda själva lagringsmediet som ett objekt och som material för att skapa nya konstverk. Den brittiska konstnären Nick Gentry har specialiserat sig på att återvinna gamla disketter och filmnegativ som han använder för att skapa nya porträtt. Han bygger upp bakgrunden som ett pussel med hjälp av disketter i olika kulörer och målar sedan på disketterna hår, ögon och mun så att ett porträtt framträder. På samma sätt har Gentry använt sig av fotonegativ för att skapa bilder. Gentry föddes 1980 och växte upp med disketter så det finns ett stråk av nostalgi i hans verk, men också en idé om återbruk där han knyter ihop gamla medier med dagens sociala medier när hans bilder sprids och lagras på Instagram, Flickr och andra fotosajter.

Gamla kassett-, film- och VHS-band kan också användas för att skapa konst. Här är det ofta den svarta magnetremsan som man drar ut ur kassetten och använder för att skapa en bild. Amatörkonstnären Erika Iris har skapat en hel del sådana porträtt av till exempel Jimi Hendrix, Johan Lennon och Bob Marley. Det är en intressant tanke att en gammal musikkassett med Jimi Hendrix kan rullas ut och bilda en bild av musikern och att den svarta remsan i en VHS-kassett med Quentin Tarantinos kultfilm *Pulp Fiction* kan skapa en bild av filmens huvudpersoner.

Idag lagras den mesta informationen på hårddiskar och det rör sig om enorma mängder data som lagras på den här typen av enheter. Man kan bara föreställa sig hur mycket hårddiskutrymme ett företag som Google använder och hur många hårddiskar som företaget förbrukar och kastar under ett år. Konstnärerna Sebastian Schmieg och Johannes Osterhoffs konstverk *10 kg* består av gamla hårddiskar från Googles Data Center i Saint-Ghislain i Belgien. Google har ett gediget säkerhetsprogram för sina gamla hårddiskar. Förutom att man raderar och skriver över data på hårddisken så mals de ner till metallskrot. Det värdefulla datainnehållet förvandlas till skrot så att det ska vara omöjligt att rekonstruera datainnehållet. Teoretiskt kan hårddiskarna som Schmieg och Osterhoff köpt från Google ha innehållit material och affärshemligheter värda miljontals kronor, eller också har de bara varit fyllda med värdelösa skräpmejl, vem vet. Oavsett så återstår nu bara skrotvärdet, eller det konstnärliga värdet som konstnärerna lyckas skapa i framtiden. Duchamps ready-mades av gamla cykelhjul och flakstorkare är idag värda en förmögenhet, så det finns inget som säger att inte ett konstverk bestående av 10 kg nedmalda hårddiskar från Google kan vara en bra investering.

Det är nu bara en bråkdel av världens e-waste som blir till konst. För även om den snabba tekniska utvecklingen skapar stora utmaningar när det gäller att bevara digital konst till eftervärlden ligger den stora utmaningen snarare inom miljöområdet. 10 kg hårddiskar som blir till konst ska ställas i relation till de drygt 400.000 ton datorer som slängdes bara i USA under 2010. Den snabba tekniska utvecklingen där vi byter datorer och mobiltelefoner som om det vore strumpor har lett till ett enormt avfallsberg. Visserligen finns det i de flesta i-länder ett producentansvar och återvinningsanläggningar för gammal elektronik. Den snabbt växande återvinningsindustrin har dock lett till att många oseriösa aktörer försökt göra snabba pengar. I den uttjänta tekniken finns många värdefulla metaller som guld och silver men även många farliga ämnen som bly och kvicksilver. Mycket avfall skickas olagligt vidare till andra länder där billig arbetskraft använder hälso- och miljöfarliga metoder för att ta fram de värdefulla metallerna medan giftiga ämnen läcker ut och förgiftar miljön och människorna runt omkring. Sorgligt nog kommer dessa miljögifter finnas kvar och skapa problem för människor och natur långt längre än livslängden på de flesta av världens konstverk.

Bland skräckslagna blad och gurktoner

"Han började undra över andra levande väsen och kom omedelbart att tänka på ett vetefält, ett högt, gult, levande vetefält och på slåttermaskinen som gick över det och mejade stråna, femhundra strån i sekunden varenda sekund. Å, gud i himlen, hur skulle det låta? Femhundra vetestrån som skrek på en gång, och varje sekund ytterligare femhundra som mejades och skrek och — nej, tänkte han, jag vill inte gå till ett vetefält med min apparat."

Orden är Klausners, han är huvudperson i Roald Dahls berättelse *Ljudapparaten* från 1949. Klausner har uppfunnit en apparat som fångar upp och omvandlar ljud som det mänskliga örat i normala fall inte kan höra. När Klausners slår på sin maskin hör han skriken från blommor när deras stjälkar klipps av och trädens smärta när yxan hugger i stammen. Tanken på dödsskriken från ett vetefält som skördas får Klausner att blekna.

Att växter kommunicerar med varandra låter som rena science fiction men på 1980-talet publicerades forskningsrapporter som visade att växter kunde varna varandra inför hot från insektsangrepp. Vid angreppen spred de ut kemiska signaler som varnade angränsande växter för att det fanns en fara i närheten. Forskningsfältet är än så länge ganska begränsat men de senaste åren har man gjort många intressanta iakttagelser som stärker uppfattningen att växter kan kommunicera och utbyta information med varandra. Kommunikationen sker inte bara ovanför ytan utan även under jorden genom ett intrikat system med tunna rötter från svampar. I marken finns det ett "wood wide web" som BBC journalisten Nic Fleming så vitsigt uttrycker det i en artikel. Detta underjordiska nät kan användas för att fördela näringsämnen men även för att skicka olika former av signaler mellan växterna. Växterna verkar även kunna reagera på ljud. Forskare har gjort experiment där ljudet från fjärilslarver som äter på blad har framkallat stressbeteenden hos växter.

Tanken att växter kommunicerar med varandra på ett hemligt språk är något som flera konstnärer och musiker har intresserat sig för. Precis som Klausner har de försökt bygga olika ljudapparater för att kunna omvandla växternas signaler till ljud och musik. Den svenska konstnären Christine Ödlund har tillsammans med forskare vid KTH undersökt hur växter påverkas av olika ljud. *Music for Eukaryotes* (2013) är ett verk där Ödlund bland annat upprepat ett experiment från 1970-talet där man studerade hur växter reagerade inför musik av Ravi Shankar och acid rock. I verket *Stress Call of the Stinging Nettle* (2010) har Ödlund istället mätt den kemiska aktiviteten i brännässlor som blir angripna av larver från nässelfjäril. De kemiska reaktionerna har sedan översatts till ett partitur som beskriver nässellarvens levnadscykel, som blivit ett åtta minuter långt ljudkonstverk som tolkar hur nässlorna reagerar när de bli uppätna. Några distinkta skrik av smärta som Klausner hör i sin apparat är det inte frågan om, snarare ett obehagligt pulserande ljud som filtrerats i vatten och som sedan blandats med vindens tjut.

Konstnären Luke Jerram har skapat en hel orkester av växter. I *Plant Orchestra* (2011) använder han speciella mikrofoner som fångar upp ljudet av vatten som flödar i växtens stjälkar. Beroende på tid på dygnet är flödet och ljudet olika. Om plantan utsätts för torka upplever den stress och framkallar andra sorters ljud. Jerram fångar upp de dolda ljuden från plantorna och genom att förstärka signalerna så kan han skapa ett speciellt instrument för varje planta som sedan ingår i hans växtorkester. Den som tror att växterna producerar ljuva toner och skönsjungande sång som den människoätande växten i musikalen *Little Shop of Horror* kommer att bli besviken. Det är snarare olika sorters ljud som Jerrams växter skapar än musikalörhängen som *Feed Me (Git It)* och *Mean Green Mother from Outer Space*.

Ljudkonstnären Mileece har kanske lyckats bättre med att skapa något som påminner om växtmusik. I februari 2013 skapade hon en bio-elektrisk musikkväll på MOMA i New York. Hon kopplade små förstärkare på växterna som omvandlade växtens signaler till binär kod. Ettorna och nollorna överfördes sedan till en dator som tolkade signalerna vilket skapade en ljudbild av växterna bestående av olika klanger och slingor.

Ytterligare en plantorkester har skapats av gruppen *Scenocosme* som består av Grégory Lasserre och Anaïs met den Ancxt. *Akousmaflore* (2007) är en interaktiv installation där gröna växter hänger i krukor från taket. Växterna reagerar på beröring från besökarna och varje växt frambringar ett speciellt ljud. Beroende på hur hårt eller hur man berör växten så kan man variera ljuden och med hjälp av alla växterna kan man skapa sin egen komposition. Syftet är att uppmärksamma besökarna på växternas existens. Ofta ser vi växter som dekoration och även om det ska vara bra att tala med växter så får vi aldrig något svar. *Akousmaflore* ger besökarna en möjlighet att kommunicera med växterna och skapa någon form av dialog. Eftersom varje växt har sitt eget uttryck får de också en egen personlighet och vår medvetenhet om växternas liv och välbefinnande blir mer synligt.

Ronald van der Meijs musikaliska "gurktrio" från 2010 heter *Parthenocarp*. Vilket är namnet på kraftigt förädlade gurkor som är självbefruktande och kärnlösa och som därför drivs upp i kommersiella växthus. Konstnären odlade gurkorna i tre ljudkabinett. När gurkorna växte satte de en stålsträng i svängning som på så sätt skapade en ton som förändrades under utställningens gång beroende på gurkornas storlek. Meijs verk handlade nu inte bara om växter som skapar ljud utan innehöll också en del samhällskritik. Konstnären ville visa på den förändring som staden Alkmaar i Nederländerna hade genomgått de senaste åren. Från att ha varit en jordbruksregion till att utvecklas till en ren industriregion. Det var en förändringsprocess som beskrevs i verket genom att tonerna i ljudkabinetten förändrades allteftersom gurkorna växte. Gurkorna hade också, precis som regionen, förändrats från att ha varit vanliga gurkor odlade på friland till hårt förädlade industriprodukter som produceras i automatiserade växthus.

Om växterna kunde kommunicera med oss så hade de förmodligen haft en hel del att säga om hur vi behandlar dem och vår miljö. John Wyndhams dystopiska roman *The Day of the Triffids* från 1951 är ett av många verk där växterna slår tillbaka mot mänskligheten. "Triffiderna" är förädlade växter som producerar en eftertraktad olja, men de är också köttätande, rörliga, intelligenta och kan kommunicera med varandra. Efter ett meteorregn blir större delen av mänskligheten blind och i kaoset rymmer triffiderna och börjar jaga mänsklig föda. I filmversionen från 1962 kommunicerar triffiderna genom ett slags kluckande ljud vilket påminner om andra abstrakta ljud som många konstnärer skapar när de försöker översätta plantornas tysta kommunikation till något som det mänskliga örat kan höra. Jag tror nu inte vi behöver förstå växternas hemliga kommunikation för att inse att vi på många sätt behandlar dem illa, men om vi hade haft en ljudapparat som Klausners, och vi kunde höra deras rop av smärta, då skulle vi kanske börja reagera och göra något åt problemet.

Konst att gäspa till

Joseph Ducreux självporträtt från 1783 får mig att gäspa, inte för att målningen är tråkig, utan för att gäspningar smittar. Den franska konstnären har avbildat sig själv i halvfigur där han upphäver en stor gäspning samtidigt som han sträcker på hela kroppen. Ducreux var en framgångsrik porträttmålare vid Ludvig den XVI hov i Frankrike med ett stort intresse för fysionomi. Han trodde att man kunde läsa av en persons karaktär bara genom att betrakta personens ansiktsdrag. Förmodligen ledde detta intresse till att han vågade gå utanför den traditionella porträttkonstens konventioner och skildra ansiktsuttryck som var mer personliga och udda, som en stor gäspning. Ducreux har gjort andra självporträtt som sticker ut från normen. *Le Discret* (ca. 1790) är ett ovalt porträtt där han sätter fingret för munnen och hyssjar åt besökaren eller *Det gäckande självporträttet* från 1793 där han visar ett elakt grin och pekar finger åt betraktaren i värsta gangsta-stil. Det är inte konstigt att vår samtids meme-kultur har tagit Ducreux till sina hjärtan. Hans målningar sticker ut från många andra dussinporträtt och man kan lätt manipulera bilden eller lägga till någon klatschig replik för att få en rolig effekt. Eller göra som en besökare på ett fotografi som cirkulerar på nätet, och kupa händerna och skrika vid Ducreux hyssjande självporträtt.

Det finns säkert många anledningar till att Ducreux upphäver en stor gäspning på målningen. Han är inte den enda som är trött i konsthistorien. Redan de grekiska gudinnorna hade en tendens att somna på bild. Konsthistorien är fylld av porträtt av en sovande Venus, från renässansmålaren Giorgiones målning från 1510 till surrealisten Paul Delvaux tolkning av motivet från 1944. Det finns också en hel del berättelser ur den grekiska mytologin om sömn som hamnat på duken. "Skön, med lågande hy och slutna ögon, / Slumrar herden så ljuft i Månans stråla " som den svenska 1700-tals poeten Erik Johan Stagnelius inleder sin dikt *Endymion* med. Dikten handlar om mångudinnan Selene som förälskar sig i den vackra herden och stiger ner från natthimlen för att besöka honom när han sover. Motivet förekommer både som målningar och som skulpturer, till exempel har den italienska skulptören Antonio Canova gjort en marmorstaty föreställande den sovande Endymion.

Om nu gudomliga varelser kan ta sig en tupplur så borde det väl vara oss dödliga förlåtet om vi då och då nickar till på jobbet. Edgar Degas som blivit känd för sina vardagliga bilder av kvinnor har i en målning från 1884 skildrat två kvinnor som stryker kläder. Medan den ena pressar det tunga gjutjärnsstrykjärnet mot det vita tyget upphäver den andra kvinnan en stor gäspning. I handen håller kvinnan som gäspar en flaska, förmodligen innehåller den vatten som hon använder för att stänka på tyget så att hennes arbetskollega lättare ska kunna stryka tyget slätt. Den ungerska målaren Mihály Munkácsy har målat en bild av en ung lärling som gäspar. Lärlingen har nyss stigit upp ur sängen och gäspar nästan munnen ur led. Den tidiga morgonen och tanken på den långa arbetsdagen har redan gjort honom trött. Bägge målningarna är från andra hälften av 1800-talet.

Industrialiseringen hade börjat komma igång i Europa och det ställdes nya krav på arbetarna. Dagarna var långa, arbetsmiljön dålig och arbetsuppgifterna monotona, inte undra på att folk var trötta.

Tröttheten hittar man i alla samhällsklasser. Industrialiseringen skapade inte bara fabriksjobb utan även en ny rik borgarklass. Under den här tiden började också järnvägen snabbt breda ut sig mellan Europas städer. Nu behövde man inte längre sitta i en obekväm hästdroska som skumpade omkring på dåliga vägar utan man kunde luta sig tillbaka i en skön tågkupé. Mannen i Adolph von Menzels målning från 1859 verkar av klädseln att döma höra till borgarklassen, och den bekväma tågresan har gjort honom trött. Han upphäver en ljudlig gäspning. Kanske kommer han snart att somna som en annan herre som Menzel målat av. Målningen visar en tågkupé där en dam sömning sitter och stirrar ut genom fönstret medan herren i sätet bredvid har kurat ihop sig och somnat. Målningen heter *I en tågkupé (efter en natts resa)* (1851) vilket förklarar varför passagerana är så sömniga. Att kupén är riktigt bekväm med fåtöljliknande säten med breda armstöd, och det gör det inte lättare att hålla sig vaken under den långa tågresan.

I dagens konst är det inte motivet som är trött utan snarare konstnären. Det finns många exempel på konstnärer som tagit med sig sängen och lagt sig för att sova i utställningen. Den brittiska konstnären Tracy Emin är ett exempel på en konstnär som ställt ut sin säng. Verket *My Bed* bestod av konstnärens obäddade säng, och ställdes ut på Tate Gallery

1999. Konstnären ska ha sovit i sängen fyra dagar i sträck efter en avslutad relation. Konsthistorikern Martin Kemp har dock ifrågasatt om Emin verkligen sovit i sängen eftersom lakanen vekar alldeles för rena. En som definitivt har sovit i sin säng är den svenska konstnären Elin Wikström. I sitt genombrottsverk *Hur skulle det gå om alla gjorde så?* från 1993 bäddade hon ner sig i en säng mitt i ett köpcentrum i Malmö. Verket återuppfördes 2009. Den här gången var det veckohandlande småbarnsfamiljer på Ica Maxi i Kalmar som fick manövrera förbi Wikström där hon låg och sov mitt i gången.

Vi har tidigare sett hur den grekiska mytologin avbildats i sömnens konsthistoria. Idag är det snarare Disneysagorna som konstnärerna inspireras av. Även de moderna prinsessorna, precis som de antika gudinnorna, verkar nämligen ha en benägenhet att somna. I mars 2013 kunde man på MOMA i New York se en kvinna som låg och sov i en glasbox. Kvinnan var den kända skådespelerskan Tilda Swinton och performancen hade namnet *The Maybe*. Precis som i fallet med Elin Wikström så var det här inte första gången Swinton låg och sov som i en del i ett konstverk. Redan 1995 hade hon i samarbete med den brittiska konstnären Cornelia Parker genomfört en liknande performance på Serpentine Gallery i London. Tanken var från början att Swinton skulle vara utklädd till Snövit och ligga och sova i en glaskista men det hela slutade med att hon valde att vara sig själv, precis som på MOMA, när hon låg och sov i glaskistan.

Den ukrainska konstnären Taras Polataiko har använt en annan sovande prinsessa. I verket *Sleeping Beauty* (2012) är det Törnrosa som är förlagan till konstverket. Prinsessan som sticker sig på en spinnrock och sover i hundra år innan en prins väcker henne med en kyss av sann kärlek. I Polataikos installation låg en vacker ung kvinna och sov på en bädd under två timmar varje dag på Ukrainas Nationalmuseum under utställningsperioden. Alla som besökte utställningen blev tvungna att godkänna ett kontrakt med villkor som sa att om man kysste flickan och hon öppnade ögonen så måste man gifta sig med henne.

Men så var det det där med gäspningar och varför de smittar. Vetenskapen har ännu inte riktigt listat ut varför gäspningar smittar. Det verkar finnas ett uråldrigt flockbeteende hos människor och många andra djur att härma vissa ansiktsuttryck och på så vis signalera till resten av gruppen att något händer. Att härma en gäspning skulle kunna vara att visa att det är dags för flocken att lägga sig eller kliva upp. Att härma en gäspning stärker också de sociala banden mellan människor, men varför vi egentligen gäspar är inte riktigt utrett. Studier har avfärdat teorin att vi gäspar för att vi behöver mer syre. Istället skulle det kunna vara för att nollställa hjärnan, lätta på stressen och rensa bort tråkiga tankar eller helt enkelt signalera till omgivningen att nu är jag trött, ska vi inte gå och vila oss ett tag? Faktum är att jag aldrig har känt mig så trött och gäspat så mycket som när jag höll på att skriva den här essän om sömn i konsten. En tupplur skulle faktiskt inte vara så dumt men först måste jag avrunda den här tröttande historien med att berätta om fotografen Julian Wolkenstein och hans sömnpiller till fotografier. I serien *Yawning is Contagious* (2008) har Wolkenstein fotograferat människor som gäspar och det är nästan omöjligt att inte smittas av bilderna och själv börja gäspa. Den amerikanska konstnären Sebastian Errazuriz gick ett steg längre i sitt sociala experiment på Times Square i New York. *A Pause in the City That Never Sleeps* är en videoloop som visar hur en man gäspar, och som projicerades på de stora videoskärmarna på Times Square. Videon visades de sista tre minuterna innan midnatt under januari månad 2015 och idén var att människorna på torget skulle smittas av gäspningen och i sin tur sprida den vidare till människor som de mötte så att gäspningarna skulle fortplanta sig genom staden som aldrig verkar sova. Konstverket skulle påminna New Yorkborna om något de förmodligen hade glömt bort, hur trötta de egentligen är och att det var dags att ta en paus och en tupplur precis som jag nu tänker göra...

Piratbio och en hårddisk med stöldgods

En svart plastlåda på ett podium. En skulptur värd fem miljoner dollar. Det låter som rena rama stölden och det är precis vad det är. Lådan är en extern hårddisk på 1 terrabyte som innehåller piratkopierad programvara till ett uppskattat värde av fem miljoner dollar. Det är konstnären Manuel Palou som ställt ut stöldsgodset i skulpturen *5 Million Dollars 1 Terrabyte* (2011). Ska man tro det citat som tillskrivs Pablo Picasso så är Palou en riktigt stor konstnär för: "Bra konstnärer kopierar, stora konstnärer stjäl."

Inom konstvärlden brukar man nu inte använda så grova ord som stöld, man säger istället att man inspireras av andras konstverk, gör reproduktioner, parafraser eller skapar appropriation. Hela vår kulturhistoria består av verk som bygger vidare på tidigare generationers landvinningar. Kultur undersöker, diskuterar och pressar hela tiden gränserna för vad som betraktas som konst. Om man gör det på ett dåligt sätt riskerar man visserligen att bli anklagad för plagiat, men det är sällan konstnärer anklagar varandra för ren stöld när man bygger vidare och inspireras av varandras verk. När fotografen Sherrie Levine 1981 fotograferade av Walker Evans svart-vita bilder från depressionen i USA från en utställningskatalog, och sedan ställde ut dem i utställningen *After Walker Evans* så låter det visserligen som stöld av Evans fotografier. Men eftersom Evans fotografier var från 1930-talet så var de inte längre skyddade av upphovsrätten och Levin anses också har skapat en ny kontext kring bilderna när hon ställde ut dem på ett galleri. Det har bland annat beskrivits som att Levine gjorde en feministisk kidnappning av Evans patriarkala auktoritet. Helt enkelt att hon tog över den ikoniska manliga fotografens bilder och gjorde dem till sina egna genom att avbilda dem med en kvinnlig blick.

Kan Sherrie Levine så kan jag också, tänkte nog Michael Mandiberg när han 2011 skapade hemsidorna *AfterWalkerEvans.com* och *AfterSherrieLevine.com*. Mandiberg hade scannat in fotografierna av Evans och Levine och gjort det möjligt för vem som helst att ladda ner dem på sin dator med ett äkthetsintyg som visade att det var ett verk av Michael Mandiberg. Nu uppstod dock ett problem, för även om Evans bilder inte skyddas av upphovsrätten så är Levines fotografier av Evans foton det. Mandibergs sida *AfterSherrieLevine.com* skulle därför kunna betraktas som ett intrång i upphovsrätten om någon skulle kunna bevisa att det verkligen röde sig om Levines fotografier och att det inte var Evans gamla fotografier som Mandiberg hade lagt upp på bägge sidorna.

Den första copyrightlagen antogs 1710 i England och gällde då endast för böcker. Eftersom det inte fanns några copyrightlagar innan så kunde det hända att någon helt enkelt snodde ens bok och gav ut den i eget namn. Nu var inte bokmarknaden så enormt stor på 1700-talet men med tiden växte inte bara bokmarknaden utan alla sorters marknader, och det kommersiella värdet i produkterna ökade. Nya tekniker gjorde det också lättare att kopiera andras produkter och när de kommersiella intressena växte efterfrågades också starkare copyright- och patentlagar för att skydda upphovsmännen. Under 1900-talet kom nya tekniker som kameran, kopiatorn, kassettbandspelaren och videospelaren där användaren enkelt kunde kopiera och sprida upphovsrättsskyddat material till andra. Det ledde till en infekterad debatt mellan användarna och de kommersiella krafter som ville begränsa möjligheterna av den nya tekniken. Utvecklingen av internet har det senaste decenniet skapat ännu större polariseringar mellan de två lägren. På ena sidan finns en generation som vuxit upp med internet och idén om att all information ska vara fri, och som tycker det är okej att sprida och dela upphovsskyddat material på nätet. På den andra sidan finns de stora multinationella företagen som ser hur allt större delar av deras material sprids gratis på nätet. Företagen vill därför skärpa straffen för upphovsrättsbrott och även förlänga tiden för hur länge ett verk ska vara skyddat av upphovsrätten. Efter något decennium där storföretagen med jurister, lobbyister och hot har jagat en hel ungdomskultur så verkar det sakta som om de olika lägren börjar närma sig varandra. Användarna börjar lära sig att gratiskulturen inte fungerar i längden och har börjat vänja sig vid att betala för olika tjänster på nätet, som Netflix och Spotify. Företagen har insett att man måste anpassa sig till den nya infrastrukturen och utvecklat och tillhandahållit nya tekniska lösningar med rimliga prisnivåer och bra kvalitet så att användarna väljer dem istället för mer osäkra piratsajter.

När debatten om upphovsrätten blåste som hårdast stod flaggskeppet Pirate Bay mitt i stormen. Pirate Bay var då världens största sajt för illegal nedladdning av film, musik och programvara, något som har satt sina spår i konsten. Förutom Manuel Palous hårddisk med piratkopierade dataprogram är Nicolas Maigrets installation *The Pirate Cinema* ett bra exempel på hur konstnärer idag diskuterar och behandlar piratkopieringen på internet. *The Pirate Cinema | Act 3* visades i mars 2015 på onlinegalleriet linkcabinet.eu. Utgångspunkten för verket är en rättslig tvist mellan hårdrocksbandet Metallica och fildelningssajten Napster i början av 2000-talet. Det var det första rättsfallet där en artist stämde ett fildelningsföretag för att sprida deras musik utan tillstånd. Konstverket består av en programvara som lyssnar av olika fildelningsnätverk efter användare som delar låtar av Metallica. I nätverket delas låtarna upp i små delar som sedan distribueras mellan olika datorer innan de sätts ihop till en hel låt. På hemsidan kan man följa varifrån materialet hämtas och lyssna på fragment av de låtar som för tillfället delas i nätverket. Maigret har också gjort en annan variant av *The Pirate Cinema* som är en installation med flera stora videoskärmar som visar klipp från olika filmer som delas i olika fildelningsnätverk. På skärmarna streamas i realtid klipp från filmer som för närvarande delas i de aktuella nätverken.

Även själva Pirate Bay har blivit ett konstprojekt. Det var 2003 under den livliga piratkopieringsdebatten som Piratbyrån skapades av bland annat Rasmus Fleischer, Sara Andersson och Palle Torsson. Tanken med Piratbyrån var att driva lobbyverksamhet för att främja möjligheten att kopiera information och kultur fritt. Runt 2007 började medlemmarna tröttna på att driva debatten om upphovsrättsfrågor och 2009 upphörde Piratbyrån officiellt. Innan man sa adjö hann man med att medverka på Manifesta 7 (2008) och biennalen i Venedig där man medverkade i Internetpaviljongen 2009. År 2014 ställde Piratbyrån med vänner ut på Furtherfield Gallery i London. Bland verken i utställningen kunde man hitta Evan Roths *The Kopimi Totem* som består av en skulptur bestående av sju öppna trådlösa routrar arrangerade i den ikoniska Kopimi pyramiden. Kopimi är en idé som skapades av Piratbyråns medlem Ibi Kopimi Botani, som ett alternativ till upphovsrätten som inte bara uttryckligen tillåter alla former av kopiering, utan uppmuntrar till det. Förutom att ladda ner filer kan besökaren till *Kopimi Totem* även ladda upp egna filer, vilket bidrar till harmonin i datalivscykeln där kopiera är yin och klistra in yang. När en besökare ansluter sig till alla sju routrar i skulpturen, kommer nätverksnamnen sparas i operativsystemets lista över nätverk, och återskapa ASCII pyramiden som fungerar som ett tecken på denna pilgrimsfärd.

Att låta sig inspireras av andras konstverk kan vara både kontroversiellt och ibland också olagligt. I USA använder man begreppet "fair-use" för att beskriva undantag från upphovsrätten när det gäller att använda en viss del av upphovsrättsskyddat material i till exempel undervisning, nyhetsrapportering, parodier, konstverk etcetera. Det uppstår förstås alltid tvister omkring tolkningen av "fair-use" begreppet. Andy Warhol, Robert Rauschenberg och Roy Lichtenstein, som använde sig av förlagor som fotografier och serier i sina konstverk på 1960 och 70-talet, blev till exempel indragna i olika rättstvister. De löstes ofta utan iblandning av domstol genom förlikning, och ledde till att konstnärerna blev mer försiktiga och började fråga om lov innan de använde upphovsrättsskyddat material. Den allmänna uppfattningen är att upphovsrättsinnehavare och deras jurister blivit mer aktiva de senaste decennierna även inom konstområdet. Man har en känsla att desto mer berömd en konstnär är och desto mer pengar som står på spel desto större är risken att bli indragen i tvister om upphovsrätt. Jeff Koons som är en känd konstnär som använder sig av appropriation i sin konst blev 1991 stämd av fotografen Art Rogers som ansåg att Koons kopierat ett av hans fotografier föreställande en man och kvinna som har famnen full av valpar. Utifrån fotografiet hade Koons skapat skulpturen *String of puppies*. Domstolen ansåg att skulpturen var alltför lik fotografiet och Koons fälldes. Visst är motiven väldigt lika men nog tycker jag själv att intentionerna i verken skiljer sig på ett grundläggande sätt. Rogers foto är ett sött massproducerat vykortsmotiv som man skickar till sina vänner medan Koons skulptur med de blå valparna och de stela människorna snarare är en parodi och drift med den industri av billiga kopior som svämmar över oss från lågprisländer, än ett försök att sno Rogers gullighetsmotiv. Den som ser Koons skulptur kommer att känna igen den typiska kitschiga stilen som kännetecknar hans konstnärskap, snarare än tolka det som en kopia av den estetik som man finner i Rogers svartvita porträtt.

Fotografier verkar det vara extra vanskligt att använda sig av för konstnärer. Konstnären Richard Prince, som också är känd för att arbeta med appropriation, använde sig av fotografier ur den franska fotografen Patrick Carious fotobok *Yes, Rasta* från 2000 i en serie målningar. Cariou stämde Prince för intrång i upphovsrätten och vann, men Price överklagade och vann i sin tur eftersom den högre instansen ansåg att Princes vek föll under "fair-use". Att olika distanser gör olika tolkningar visar att den här typen av fall ofta handlar om en tolkningsfråga och i slutändan kanske om hur kunnig domstolen är om konst och specifikt samtidskonstens estetik och idéer.

I Sverige kan man nämna två nyligen uppmärksammade fall. Det ena rör fotografen Olov Tegby Frisk som vid en utställning på Fotografiska museet i Stockholm ställde ut en bild av en kvinna som klittrade framför ett fotografi av sångerskan Carola. Upphovsmannen till Carolafotografiet krävde skadestånd för att konstnären använt bilden utan tillstånd och att hon kände sig kränkt av sammanhanget som fotografiet visades i. Det hela slutade med att museet valde att betala skadeståndet och konstnären valde att maskera fotografiet av Carola i sin utställning. Konstnären Markus Andersson använde också ett fotografi som förlaga när han målade sitt porträtt av Christer Pettersson. Petterson blev känd för hela världen efter att han misstänktes för att ha mördat Olof Palme. Fotografen som tog originalfotot har under flera år drivit en process där han anser att Andersson gjort intrång i hans upphovsrätt och att målningen är för lik fotografiet. Fallet gick ändå upp i Högsta Domstolen som i mars 2015 beslutade att målningen var ett nytt, självständigt verk som konstnären hade skapat i fri anslutning till fotografiet.

Sedan finns det konstnärer som helt ogenerat verkar kunna kopiera andras verk utan att hamna i trubbel. Elaine Sturtevant har kallats drottningen av copycats och har sedan 1960-talet kopierat och ställt ut verk av Andy Warhol, Marcel Duchamp, Joseph Beuys, Jasper Johns och många andra manliga konstnärer. Sturtevant gör ingen hemlighet av att hon kopierar andras verk, och precis som Sherrie Levine kan man säga att hon kidnappar de stora manliga konstnärernas konst och gör den till sin egen. Det är egentligen mer korrekt att säga att Sturtevant härmar de olika konstnärernas stilar och försöker återskapa deras manliga konstnärskap som kvinna, än att säga att hon kopierar dem rakt av.

Vi lever i en tid som kännetecknas av att vi återanvänder, remixar och samplar material som vi hittar på nätet. Syftet är i många fall inte kommersiellt utan snarare att bearbeta, kommentera och personifiera den kultur som finns runt omkring oss. En del hamnar i upphovsrättens gråzon eller under begreppet "fair-use". Intentionen är sällan att tillfoga ekonomisk skada för upphovsmannen eller att förringa dennes konstnärskap. Istället är det snarare så att det är de upphovsmän som användarna gillar som man använder mest för att skapa nya verk. Men det är naturligtvis illa om någon stjäl någon annans konstverk men det är ännu värre när man stjäl ett helt konstnärskap.

Filmen *Big Eyes* (2014) av Tim Burton är en biografisk film om konstnären Margaret Keanes liv och henne äktenskap med Walter Keane. Margaret målade porträtt som kännetecknades av stora ögon, som blev väldigt populära i USA. Problemet var att det var hennes man som tog åt sig all ära och som hävdade att han var konstnären och signerade tavlorna. Efter deras skilsmässa drev Margaret fallet i domstol för att få tillbaka sitt konstnärskap och äran för sina verk. Avgörandet i filmen kommer när domaren ber de bägge konstnärerna att måla varsitt porträtt för att bevisa vem som är den riktiga upphovsmannen. Walter lyckas naturligtvis inte måla någon tavla, medan Margaret målar en av sina karaktäristiska figurer med stora ögon, och saken är avgjord. Margaret Keanes konstnärskap är återupprättat och det får också bli själva slutrepliken på den här essän. Att du möjligen kan kopiera någons konst men inte deras konstnärskap.

Eau de Artiste – lukten av en konstnär

På 101 årsdagen efter att futuristen Carlo Carra publicerade sitt manifest *Målningen av ljud, oljud och lukt* (1913) satte sig den belgiska konstnären Peter de Cuperer vid ett campingbord med de blommande lila lavendelfälten i Sault i Frankrike som bakgrund. Medan solen sken från en klarblå himmel och humlor och bin surrade omkring honom läste han noga igenom det nya olfaktoriska konstmanifestet innan han skruvade av locket på en liten glasflaska. Flaskan innehöll en unik parfym bestående av konstnärens egna dofter som han under två år hade samlat ihop. Han doppade pennan i denna exklusiva doft och skrev under högtidliga former under manifestet med sitt namn eller rättare sagt med sin unika lukt. de Cuperers manifest avslutas med uppmaningen att vi borde lukta mer och intensivare på vår omgivning.

Olfaktorisk är ett finare namn för luktsinnet och Peter de Cuperer är en av många konstnärer som skapar luktkonst. Den senaste forskningen pekar på att människans luktsinne är betydligt mer utvecklat och sofistikerat än vad man hittills trott. Även om vi inte kan jämföra vår näsa med en hunds nos så kan en människas näsa urskilja en biljon olika dofter. Att människan i jämförelse med andra djur har ett dåligt luktsinne är alltså bara en myt. De nya rönen inom luktforskningen gör naturligtvis luktkonsten mer intressant eftersom många doftintryck registreras på ett omedvetet plan av vår hjärna. I Patrick Süskinds roman *Parfymen: berättelsen om en mördare* (1985) möter vi huvudpersonen Jean-Baptiste

Grenouille som saknar kroppslukt men som har ett fenomenalt luktsinne. Grenouille säger om lukten:

"For people could close their eyes to greatness, to horrors, to beauty, and their ears to melodies or deceiving words. But they couldn't escape scent. For scent was a brother of breath. Together with breath it entered human beings, who couldn't defend themselves against it, not if they wanted to live."

Av alla sinnesintryck verkar doften vara den svåraste att undkomma. Doftkonsten har länge haft en undanskymd plats på konstscenen men de senaste åren har det börjat hända saker. Det finns flera exempel på konstnärer som likt de Cuperer skapat en egen parfym, en Eau de Artiste så att säga. Den brittiska konstnären Jammie Nicholas skapade 2011 parfymen *Surplus* som han sålde under en utställning på ett London Galleri för £40 flaskan. Eftersom parfym används för att dölja oönskade dofter så funderade Nicholas på vad som skulle hända om man använder illaluktande dofter för att skapa en parfym? Ingredienserna i *Surplus* bestod därför av konstnärens egen avföring, urin och kroppsfett. Reaktionerna från besökarna var blandade från avsky till nyfikenhet. Inom djurvärlden är urin och avföring viktiga doftmarkörer för att markera revir eller för att signalera parningsbenägenhet. Idag döljer vi många av våra naturliga lukter under lager av olika artificiella dofter. Så att använda våra naturliga kroppsdofter är kanske inte helt fel om man vill träffa den rätta.

James Auger och Jimmy Loizeau har i sitt datingsystem *Smell+* (2009) skapat en speciell andningsanordning där två personers näsa, armhålor och kön sammanlänkas så att de intima dofterna kan delas mellan parterna på ett koncentrerat sätt. *Smell+* påminner om en sofistikerad lösning på "lukta varandra i rumpan"-hälsningen som hundar utför för att bättre lära känna varandra. För Auger och Loizeau är *Smell+* ett försök att upprätta vårt luktsinnes låga status. Under 1800-talet bestämde nämligen vetenskapsmän och filosofer att luktsinnet var någon primitivt och djuriskt, ett omdöme som förföljt luktsinnet långt in på 1900-talet. Forskningen har dock visat att vårt luktsinne är både välutvecklat och dessutom styr många av våra beslut, som till exempel vilka människor vi attraheras av.

Det finns flera andra exempel på konstnärer som skapat sin egen parfym. Den kanadensiska konstnären Clara Ursitti skapade *Eau Claire* (1993) som bestod av en handblåst flaska med konstnärens doft. År 2000 lanserade den italienska konstnären Francesco Vezzoli parfymen *Greed* med hjälp av en reklamfilm regisserad av Roman Polanski. *Greed* var parfymen som inte existerade, istället var det kommersiella formspråket vid lanseringen av en ny parfym som intresserade Vezzolo. Den amerikanska konstnären Martynka Wawrzyniak arbetade däremot med en professor i kemi för att distillera fram doften *Smell Me* (2012). Doftämnen togs fram bland annat från konstnärens tårar och hennes svettiga T-shirt. De olika dofterna blev ett annorlunda självporträtt av konstnären som inte byggde på traditionella visuella uttryck utan på vårt luktsinne. Att konstnärer samarbetar med kemister för att skapa en parfym är inte helt ovanligt då det ofta krävs en del specialkunskaper för att distillera fram dofter. Sissel Tolaas har inte det problemet då hon både är konstnär och kemist. I hennes ateljé i Berlin har hon en samling med över 7000 dofter som hon använder för att ta fram nya dofter. Tolass sticker inte under stolen med att hon tycker att vi i väst till stor del är luktblinda och hon skulle säkert hålla med de Cuperer manifest om att vi borde lukta mer och intensivare på vår omgivning.

Äta konst?

Vid sitt skrivbord sitter en konstkritiker och äter på en tavla av Turner. Han har nyss smakat en Rubens och dessutom lyckats spilla Vermeer över hela skjortan. Klippet är från en sketch från TV-serien Monty Python som sändes 1969. Tidigare i sketchen har vi fått följa två kvinnor (John Cleese och Eric Idle) som besöker ett konstmuseum med sina klåfingriga barn som förstört tavlorna genom att kleta in dem i tomatsås och tuggat på dem. Men kan man verkligen äta konst?

Konst är ofta en ganska begränsad upplevelse för våra sinnen. Den mesta av konsten riktar sig till vårt seende. Vilket kanske inte är så konstigt eftersom seendet är ett av våra bäst utvecklade sinnen. Det finns ljudkonst för hörseln och konst som är taktil som man kan känna och röra på för känseln, men konst som triggar igång våra smaklökar eller vårt doftsinne var finns den? Hur smakar egentligen konsten om man skulle ta sig en tugga? Tänk om man kunde ställa sig framför ett holländskt 1600-tals stilleben föreställande ett dignande middagsbord och känna dofterna från brödet, frukterna, skaldjuren och kunna smaka citronens sura smak, vinets sötma och köttets sälta.

Det finns nu en hel del konstnärer som försökt att utvidga konstens sensationer utanför det visuella till att även innefatta smak och lukt. Inom den relationella estetiken strävade man efter att skapa mänskliga relationer och social interaktion och vad passar då bättre än att bjuda besökarna på middag? God mat och dryck retar som bekant både smaklökarna och luktsinnet och skapar sociala möten. Den argentinska konstnären Rirkrit Tiravanija bjöd på 1990-talet i installationer som *pad thai* (1990) på Paula Allen Gallery i New York besökarna på en traditionell thailändsk nudelrätt. På MOMA i New York 2012 serverade Tiravanija i verket *untitled (free/still)* thailändsk curry till hungriga museibesökare. Naturligtvis har Tiravanija som många andra kändisar som håller på med mat även gett ute en egen kokbok. Det gjordes i samband med en utställning på Kunsthalle Bielefeld 2010 och boken innehåller flera recept från hans tidigare verk som läsaren kan laga till för att sedan bjuda sina vänner på en riktig konstmiddag.

En måltid kan fungera exkluderande, man kan bli utesluten från att delta, men den kan också fungera inkluderande och stärka en grupps sociala tillhörighet för de som är inbjudna. Jesus och hans tolv lärjungar är förmodligen ett av historiens mer exklusiva middagssällskap som dessutom bara bestod av män. I verket *The Dinner Party* har Judy Chicago en av de stora feministiska ikonerna skapat en bankett där bara de framstående kvinnor blivit inbjudna. Verket består av ett triangelformat bord praktfullt dukat för 39 kvinnor ur historien. Judy Chicago lyfter fram kvinnorna och låter dem få en plats vid historiens middagsbord. Konstnärerna Suzanne Lacy för sedan stafettpinnen vidare i verket *International Dinner Party*. Under vernissage av Chicagos utställning på San Francisco Museum of Modern Art 1979 arrangerade Lacy en happening där feministiska nätverk runt om i världen arrangerade egna middagar som sedan dokumenterades och sammanställdes. Under 2014 har Lacy tillsammans med flera andra konstnärer ingått i den amerikanska vandringsutställningen *Feast: Radical Hospitality in Contemporary Art*. *Feast* var en utställning som fokuserade på konstnärsarrangerade måltider från 30-talet till dagens sociala konst med frågor kring gästfrihet, politik och kultur.

Intresset för att laga mat som en konstnärlig handling verkar har uppstått på 1930-talet. De italienska futuristerna skapade ett eget matmanifest. Att det aldrig fick något genomslag i Italien kan bero på att en av de första punkterna fastslog: *Ingen mer pasta eftersom det orsakar trötthet, pessimism och brist på passion.* Futuristerna ville skapa den perfekta måltiden och hade många nya idéer på servering och hur man kunde använda olika maskiner för att förbättra smakupplevelsen. De var också förtjusta i att skapa nya spännande rätter som att blanda mortadella korv, nougat, annans och sardiner.

På 70-talet öppnade den matintresserad amerikanska konstnären Gordon Matta-Clark restaurangen Food i SoHo i hörnet av Prince och Wooster Streets. Under de tre år som restaurangen fanns gästades den av olika konstnärskockar och man arrangerade speciella konstmiddagar som Matta-Clarks egen omtalade benmiddag. Gästerna serverades mat med ben i och efter middagen fick gästerna med sig de rengjorda benen hem som halsband att hänga runt halsen. På Food hade man också för sin tid det unika konceptet att gästerna hade full insyn i köket så att matlagningen nästan blev som en performance i sig själv.

Michael Rakowitz har i verket *Enemy Kitchen* (2012) försökt skapa mötesplatser för att överbrygga gapet och misstänksamheten mellan olika folkgrupper genom att servera mat. I det här fallet den misstänksamheten som Irakkriget har skapat mellan irakier och amerikaner. Den ambulerande matvagnen åkte runt i Chicago och serverade irakiska rätter tillagade av irakiska kockar. Serveringen sköttes av amerikanska krigsveteraner från Irakkriget och matgästerna fick äta på en begränsad utgåva av papperstallrikar som var kopior av porslin som hittades i Saddams palats. *Enemy Kitchen* visar att mat kan kryddas med en stark politisk konstkrydda.

Under konstmässan Frieze i London 2014 ställde den japanska konstnärsduon *The United Brothers* frågan om mat och politik på sin spets. Bröderna är uppvuxna i regionen kring Fukushima där en av världen värsta kärnkraftolyckor inträffade 2011. På Frieze serverade konstnärerna en soppa med titeln *Does This Soup Taste Ambivalent?* Den osäkerhet som besökarna kunde smaka i soppan berodde på att den var lagad på grönsaker plockade i närheten av det havererade kärnkraftverken. Även om grönsakerna hade blivit godkända av myndigheterna i Japan kvarstod hos besökaren en osäkerhet om soppan skulle påverka deras hälsa i framtiden. Att äta soppan blev också en solidaritetshandling med de drabbade som inte har något annat val än att äta produkter producerad kring riskområdet.

En annan viktig del av måltiden är drycken. Vernissage brukar förknippas med att dricka något medan man går omkring och minglar. Den tyska konstnären Hannes Broecker låter besökaren fortsätta att dricka under hela utställningen. I *Drink the Art Away* (2007) har han ställt ut ett antal tavlor bestående av glasramar med vätska i olika färger. Under varje tavla finns en kran så att man kan fylla på sitt glas och smaka på tavlan. Under utställningsperioden kommer besökarna att dricka upp konsten. Konstkonsumtionen innebär att besökaren bär med sig konsten när hen lämnar galleriet. Inte bara som tankar och minnen utan även rent fysiskt då vätskan absorberas av kroppen.

Tom Marion, den amerikanska konceptuella konstnären går steget längre och hävdar att *The Act of Drinking Beer with Friends Is the Highest Form of Art*. En av sakerna som Marion lärde sig på kontsskolan var nämligen att dricka öl och den konsten har han förädlat sedan 70-talet. Installationen består av en bar där man serverar öl. För att bli upptagen i det exklusiva ölsällskapet måste man dock arbeta som bartender tre gånger något som redan en rad kända konstnärer har gjort. För Marion är öldrickande en social mötesplats men också en metafor för livet. Baren har en minimalistisk design, där det gyllene snittet återkommer i interiören och de konceptuella öl-kvällarna brukas ramas in av Marion som berättar några av sina konstskämt.

Den japanska konstnären Mariko Mori har undersökt den japanska te-ceremonin som har en lång tradition och som i sin fulländning är en filosofi i sig själv. Mori går så långt att hon anser att Sen Rikyu en japansk mästare som på 1500-talet fulländade det japanska te-drickande, det som kallas chanoyu, teets-väg, borde betraktas som en konceptuell konstnär. I verket *Tea Cermony* (1994) undersöker Mori den identitetskris som den japanska kvinnan upplever i det japanska samhället. Det finns en slitning mellan att vara en traditionell japansk kvinna och en modern affärskvinna. I sin performance klädde sig Mori som en japansk kontorskvinna och serverade te till manliga kontorsarbetare på gatan. På huvudet hade hon en silverhuva med spetsiga öron som skulle ge ett utomjordiskt intryck. Både huvan och placering ute på gatan skapade en bild av den japanska affärskvinnan som ännu inte har hittat sin plats i samhället och som slits mellan det traditionella och det moderna sättet att leva.

I denna buffé av mat och konst har vi nu äntligen kommit fram till efterrätten. Den australiska konstnären Elisabeth Willing använder sig av desserter för att undersöka konfektyrer som konstmaterial. I hennes dessertbjudningar skapar hon en mötesplats för publiken och konstverken i form av en måltid. Precis som futuristerna söker Willing efter den perfekta matupplevelsen där gäster, platser och koreografi kring måltiden noga väljs ut och samspelar. I installationen *Goosebump* (2013) placerade Willing däremot desserten direkt på en 7-meters vägg som hon fyllde med över 300 pfeffernüsse kakor (pfeffernüsse är en liten rund holländsk kaka). Besökarna kunde sedan äta av kakorna som satt fast på väggen. De kakor som fanns i munhöjd försvann snabbast medan de som var placerade högre upp krävde lite samarbete för att man skulle kunna nå dem.

Att bli bjuden på mat är inte alltid en angenäm upplevelse. Det är inte säkert man gillar maten eller sällskapet för den delen, men har man väl tackat ja så betraktas det som ofint att inte äta eller smaka av maten. När KRO bjöd in Makode Linde år 2012 att skapa en tårta till organisationens 75-årsfirande på Moderna Museet i Stockholm så hamnade de inbjudna och dåvarande kulturministern Lena Adelsohn-Liljerot inför ett socialt dilemma. Skulle besökarna som de var uppfostrade till artigt smaka på tårtan som föreställde en svart kvinna eller vara ofina och vägra smaka på den? Makode kallade sin tårta för *Painful Cake* och den skulle symbolisera de vitas exploatering av den svarta kvinnan. Efterspelet till tårtkalaset kom att handla mycket om det fanns rasistiska undertoner i verket eller inte. Ingen verkar dock ha kommenterat hur själva tårtan smakade. Vilket kanske visar att många måltider snarar är en social handling än en smaknjutning. Många lunch- och middagsbjudningar handlar i grund och botten om det sociala, om vem som träffar vem och vad man pratar om, snarare än vad som serverades på tallriken. Samtalet och mötesplatsen är ingredienser som konsten och måltiden har gemensamt. Vi vet också att smaker och dofter kan skapa starka minnen hos oss människor, vilket är ytterligare en anledning till att många konstnärer väljer att skapa nya minnesvärda konst- och smakupplevelser för sina besökare.

Lysrörskonstens okrönta kung

Dan Flavin är lysrörskonstens okrönta kung. I mitten av sextiotalet började han arbeta med ljuskonst och genombrottsverket *Diagonal of Personal Ecstasy (the Diagonal of May 25, 1963, to Constantin Brancusi)* består av ett gult fluorescerande lysrör monterat i 45 graders vinkel på väggen. Många av Flavins ljusskulpturer är minimalistiska och uppbyggda kring enkla geometriska former som ett rutnät, en rektangel, en pyramid eller bara ett enda lysrör monterat i ett hörn. I verket *The nominal three* (1963) har Flavin skapat tre grupper av lysrör, med ett, två och tre lysrör placerade längs en vägg, enkelt men upplysande. Längre fram i livet, i och med att hans berömmelse växte, skapade han även större installationer som hela korridorer belysta med lysrör i olika färger, och även en del permanenta verk. Ett av Flavins sista permanenta verk var en glasarkad i den tyska staden Gelsenkirchen, som han ljussatte 1996.

Det är inte helt omöjligt att regissören George Lucas såg några av Dan Flavins tidiga ljusskulpturer och blev inspirerad när han skapade *Star Wars* filmerna i slutet av 1970-talet. För alla dessa ljussvärd i olika färger som det viftas med på filmduken skulle kunna ha varit hämtade direkt från en utställning med Dan Flavin. Historien om lysrör och glödlampor i konsten är av naturliga skäl begränsad till elektrifieringen av samhället. När Vincent van Gogh målar av en bondefamilj som sitter och äter potatis våren 1885 i Nederländerna, så är det fortfarande en oljelampa som är deras enda ljuskälla.

Det finns olika personer som gör anspråk på att ha uppfunnit glödlampan. Thomas Alva Edison hör till en av dem. År 1879 visade han upp den första funktionella glödlampan för världen och snart kom andra förbättrade versioner. I och med elektrifieringen i städerna började glödlampan konkurrera ut andra, traditionella ljuskällor, som gasljus och fotogenlampor. När den svenska konstnären Hugo Birger samma år som van Gogh målar en interiörbild från familjen Fürstenbergs borgerliga bostad så kan man i tidens tecken se en kristallkrona i taket som har blivit omgjord för elektriskt ljus.

Inom 1900-talskonsten finns det många konstnärer som arbetat med ljuskonst från lampor och neonljus till LED-paneler. I *Monument serien* har Christian Boltanski sedan 1989 arbetat med installationer uppbyggda kring fotografier och glödlampor. Boltanski skapar minnesaltare bestående av fotografier av barnansikten som ljussätts med en ljusslinga av glödlampor. Bilderna föreställer ansikten av judiska barn, och lampan kan ses som en modern form av stearinljuset som man tänder till minne av de avlidna. *Monument serien* handlar om barndomen men också om förintelsens fruktansvärda övergrepp och dödens ständiga närvaro. Det är kontemplativa installationer som belyser hur vi minns och håller minnet vid liv genom fotografier och olika ceremonier, som att tända ljus i kyrkan för våra döda och nära.

Félix González-Torres har också använt sig av ljusslingor i sina konstverk. I installationen *Untitled (America)*, 1994–95 har han använt sig av tolv ljusslingor med 42 glödlampor på varje som han låter hänga ner från taket, som ett ljusvattenfall. Det finns många variationer av González-Torres ljusslingor och hur de ska arrangeras, det är lite upp till utställningens kurator att avgöra. De kan hängas upp på väggen, ringla fram på golvet eller formas i olika mönster. Precis som Flavins ljusskulpturer är slingorna minimalistiska och som besökare dras man som nattfjärilen mot ljuset. Det finns även ett kontemplativt inslag i González-Torres ljusinstallationer. De skapar en möjlighet hos betraktaren att stanna upp och fascineras över ljusets stilla sken.

Även Carsten Höller är förtjust i glödlampor och han använder ofta ljuset på ett lekfullt sätt i sina konstverk. Höllers *Guldspegel karusell* från 2014 är precis vad det låter som. En fungerande karusell med slänggungor som man kan hitta på ett kringresande tivoli. Det som skiljer karusellen från andra är att den är byggd av speglar, har guldfärgade detaljer och skulle förmodligen älskats av Ludvig den XIV. Naturligtvis har karusellen, som alla riktiga karuseller glödlampor vars ljus reflekteras i speglarna och de blanka ytorna. Höller har också byggt en ljusportal av 960 glödlampor som består av cirklar som bildar ett liggande Y. Besökaren kan vandra igenom ljustunneln, och med lite fantasi kan hen föreställa sig att hen medverkar i en SF-film och är på väg genom en portal som leder till en annan del av universum. Fascinationen för lampor och ljus får hos Höller sitt lystmäte i installationen *Ljusrummet* från 2008. Här har Höller installerat drygt 15 000 LED-lampor på väggarna i ett symmetriskt rutnät. Det är som han har sorterat en kaotisk stjärnhimmel och radat upp alla ljusmönster i prydliga rader.

Till den nya generationen av ljuskonstnärer brukar man räkna den sydkoreanska konstnären Chul Hyun Ahn. Han skapar bland annat ljusboxar bestående av lysrör och speglar som skapar illusioner av oändliga rymder. I serien *Infinite light* hittar man till exempel ett djupt schakt där lysrören bildar stegpinnar som försvinner lång ner under marken, och en rund brunn med ett lysrör som hänger ner som ett rep som försvinner ner i djupet. Allt är skapat med några få lysrör och speglar som skapar illusionen av oändlighet i en grund låda.

De raka lysrören är en form av byggklossar som man kan sätta ihop till många olika geometriska former eller till fantasifulla skulpturer. Den japanska konstnären Hitoshi Kuriyama bygger skulpturer av lysrör. Kuriyamas ljusskulpturer slingrar sig och vrider sig genom rummet. En del lysrör lyser medan andra har slocknat och på golvet kan man se lysrör som gått sönder. Det finns en rörelse, en dynamik i skulpturerna och det är precis som om skulpturen rört sig genom rummet för snabbt och okontrollerat, så att vissa delar av de ömtåliga glastuberna har splittrats mot väggen eller golvet och gått sönder. Kuriyamas skulpturer har namn som *0=1-inflation* eller *0=1-expansion*. Titlar som får en att tänka på fysik och teorier kring vacuum, universums födelse och rummets utbredning.

Det är nu inte alla lampor som lyser i konsten. Konstnären Jasper Johns gjorde sin första skulptur *Light Bulb* I (1958) av ett för tiden vardagligt föremål, en vanlig glödlampa. Man kan se skulpturen som en form av ready-made i tidens anda. Under sin livstid återkom Johns till glödlampan som motiv i teckningar och skulpturer, men hans konstverk saknar en viktig ingrediens för den här essän, nämligen lyskraften. Glödlampor borde rimligtvis lysa.

Visserligen saknar även Runo Lagomarsinos konstverk *Pergamon (A Place in Things)* från 2014 lyskraften, men den säger oss istället något viktigt om lysrörskonsten. Verket består av hundra uttjänta ljuskällor som glödlampor och lysrör som använts för att lysa upp Pergamon museet i Berlin. Ljuskällorna är placerade på ett podium så att de ska påminna om den katalogisering och systematisering av föremål som sker på ett museum. De utbrända lysrören som en gång användes för att lysa upp föremålen på museet har nu i sin tur blivit museiföremålen och kan i sin tur betraktas i skenet från konsthallens lyskällor. Kanske drömmer lysrören ovanför Lagomarsinos verk om att en dag själva bli ett konstverk? Vi vet dock att de flesta av lysrören och glödlamporna efter fullgjord tjänstgöring hamnar i soptunnan eller i bästa fall på återvinningscentralen.

Lagomarsinos verk påminner oss som sagt om en annan viktig aspekt av lysrörskonsten. Det är konstverk som förtär sig själva. För till slut slocknar även den mest långlivade lågenergilampan. Konstnärerna är förstås medvetna om att deras verk efter en tid bokstavligen kommer att brinna upp och slockna. I många fall är det bara att skruva i en ny lampa så lyser verket igen, men man kan även finna ett filosofiskt drag i lysrörskonstens destruktiva livscykel. En livscykel som påminner om den romantiska konstnärsmyten, att medan lysröret eller konstnären brinner för sitt ändamål att upplysa betraktaren så förbränner den sin egen existens.

Svart kvadrat på skärm och duk

Den ryska konstnären Kazimir Malevitj skapade 1915 konsthistoriens mest berömda svarta fyrkant. Tavlan som kort och gott heter *Svart kvadrat* består av en svart kvadrat med måtten 79.5 x 79.5 cm. Man kan fråga sig varför Malevitj valde måttet 79.5 x 79.5 cm på sin kvadrat? Råkade det bara vara måttet på en duk som fanns tillgänglig i hans ateljé när han fick inspiration att måla den tavla som kom att definiera konststilen Suprematism eller har måtten en hemlighetsfull innebörd byggd på gammal talmystik och matematiska beräkningar? Vi vet att Malevitj var influerad av den ryska mystikern och matematikern Peter D. Ouspensky som bland annat skrev boken *Den fjärde dimensionen* (1909).

Inom konsten är det sällan någon slump att en tavla eller en komposition använder sig av vissa mått, tal eller proportioner. Matematiska teorier ligger till grund för mycket av konsten i konsthistorien. Leonardo da Vincis teckning av den *Den vitruvianske mannen* (1492) visar en man med utsträckta armar och ben som är inskriven i en kvadrat och en cirkel. Teckningen är ett exempel på den romerska arkitekten Vitruvius teorier, som utgick från människokroppens proportioner, som han själv använde när han skapade sin arkitektur. Vitruvius idéer inspirerade konstnärer som da Vinci under renässansen och har haft stor betydelse även längre fram. Gyllene snittet är en annan klassisk formel som flitigt har använts sedan antiken inom konsten. Den beskriver, för att citera Wikipedia: "det förhållande som erhålls när en sträcka delas i en längre del a och en kortare del b så att hela sträckan a + b förhåller sig till a som a förhåller sig till b." Kort och gott så är det ett förhållande som man i konst och arkitektur har använt sig av eftersom det verkar skapa intrycket av fullkomlig harmoni i bilden eller i byggnaden.

Idag styrs vår bildvärld av andra viktiga proportioner som 4:3 och 16:9. Det är de proportioner som många av våra TV-apparater och datorskärmar har. Rafaël Rozendaal som ser internet som sin målarduk har i installationen *Popular Screen Sizes* ställt ut ett antal speglar med mått från några av de mest populära storlekarna på skärmar. På väggen hittar man därför speglar från 60" ner till 3.5". Det vill säga skärmformat som representerar allt från den stora platt-TVn på väggen till den lilla mobilskärmen i byxfickan. Rozendaals verk handlar inte bara om proportioner utan även om reflektioner. I många av sina installationer använder han sig av speglar där han låter ljus i olika färger reflektera och måla på spegeldukarna. I *Popular Screen Sizes* är det snarare betraktaren som reflekteras. Speglarna fångar vårt narcissistiska samhälle där vi dagligen stirrar på skärmar i olika storlekar för att få bekräftelse.

Eftersom internet är Rozendaals målarduk så finns många av hans konstverk endast som hemsidor. I *www.homagetothe.com* hittar vi en animerad sekvens med tre kvadrater, i tre nyanser av grått, som försvinner in i varandra. Verket är en interaktiv version av Josef Albers kända målning *Homage to the Square* (1962) som i sin tur kan ses som en snegling på Malevitjs berömda svarta kvadrat. Albers gjorde hundratals variationer på *Homage to the*

Square. Han började redan 1949 med serien och tavlorna brukar bestå av 3-4 kvadrater i olika storlekar och med olika färger. Man kan hitta ett gemensamt intresse hos de bägge konstnärerna. Bägge undersöker proportioner i geometriska former, från Albers målade kvadrater till Rozendaals installation med speglar i olika skärmstorlekar.

När vi surfar runt på nätet möts vi av en strid ström av text och bilder, men vi tänker sällan på hur denna upplevelse är uppbyggd rent visuellt. Det som vi brukar kalla design, layout eller komposition beroende på om vi rör oss inom webb-, tidnings- eller konstvärlden. Rozendaal som ser skärmen som en målarduk har i verket *Abstract Browsing* skapat ett plugin, ett tilläggsprogram till webläsaren Chrome som gör att du kan surfa och omvandla sidorna till abstrakta målningar. Varje paragraf, bild eller tabell förvandlas till ett kvadratiskt eller rektangulärt färgfält och hemsidan blir på så sätt en abstrakt målning bestående av geometriska former. Programmet visar upp de "dolda" proportionerna som finns på sidan mellan de olika delarna i designen. Rozendaal har även valt ut några populära hemsidor som Yahoo, Pinterest och LA Times och sedan överfört den digitala målningen till stora vävda tygstycken i storleken 260 x 144 cm.

För att skapa den abstrakta surfupplevelsen förlitar sig Rozendaal på matematiska algoritmer som automatiskt kan känna igen olika former och delar av en hemsida. Samma teknik kan användas av företag, myndigheter och diktaturer för att maskera eller censurera delar av texter eller bilder för användarna. Den spanska konstnären Mario Santamaria har i verket *Concealment Algorithms* (2015) använt sig av en sådan algoritm för att maskera PDF-filer. Precis som i Rozendaals program maskerar programmet olika delar av texten och bilderna i PDF:en. Skillnaden är att här används bara svarta färgfält. Resultatet blir ett collage av svarta kvadrater och rektanglar som inte är helt olikt målningar av Malevitj. Även här blir proportionerna mellan de olika formerna en viktig del av konstverket.

Esther Stocker är en annan konstnär som utgår från kvadrater, rektanglar och rutnät i sina abstrakta verk. I sina installationer brukar hon bygga upp rum fyllda med svarta former skapade med hjälp av tejp och ramar. Rummen är från början vita, som en målarduk, men på väggar, golv och tak placerar hon sedan ut sina former, antingen som svarta rektanglar eller som svarta ramar runt en vit yta. Man skulle kunna beskriva en del av Stockers installationer som kompositioner i Piet Mondrians anda fast 3-dimensionella. Många av Mondrians kompositioner använder sig av enkla geometriska former som rektanglar, och Mondrian var inspirerad av matematik och det gyllene snittet när han skapade neoplastiska konstverk som *Composition in Red, Yellow, and Blue* (1926). Även i Stockers fall handlar det om förhållanden och proportioner mellan de olika formerna och hur man kan variera och använda enkla geometriska former på olika sätt.

Allan McCollums installation *288 Plaster Surrogates* (1982-89) är ett annat exempel på hur svarta kvadrater används i konsten. På väggarna hänger gipsplattor som ser ut som tavlor med ram och en vit passepartout, men där man i normala fall borde hitta ett fotografi eller en bild finns bara en svart rektangel eller kvadrat. Det är som om bilderna hade blivit censurerade av Mario Santamaria *Concealment Algorithms,* eller som om konstnärer velat skapa hundratals små kopior av Malevitjs svarta kvadrat. Trots avsaknandet av bilder blir installationen effektfull. Den svarta kvadraten är suggestiv och drar blicken till sig med sin rena och monokroma yta.

Något svar på varför Malevitjs svarta kvadrat har just måtten 79.5 x 79.5 cm hittade jag nu aldrig. 795 känns som ett hemlighetsfullt tal, ja nästan magiskt, och skulle man komma på att kombinera kvadraten med ett rutnät av 3x3 rader och sätta in talen 7, 9 och 5 i kvadraten, då skulle man skapa det som inom matematiken kallas en "magisk kvadrat", kanske mer känt som ett sudokupussel, som fortfarande väntar på en lösning.

Ett museum för stulen konst

Rekordet för världens dyraste tavla slås på löpande band. Nu senast var det Pablo Picassos *Kvinnorna i Alger* som i maj 2015 såldes på auktion för fantasisumman 1,5 miljarder svenska kronor. Det är inte konstigt att tavlor stjäls på löpande band från museum och privata samlingar med dagens priser på konstmarknaden. En av de mest berömda konstkupperna i historien måste ändå vara den som skedde i augusti 1911. En man som hette Vincenzo Peruggia och som arbetade på Louvren gick en dag in på museet och plockade ut Leonardo da Vincis målning *Mona Lisa* från ramen och stoppade tavlan under rocken och gick därifrån utan att bli upptäckt. Man ska kanske tillägga att bevakningen inte var speciellt hög på Louvren i början av 1900-talet och *Mona Lisa* inte vara någon speciellt berömd målning vid den tidpunkten. Det var egentligen tack vara stölden som tavlan fick så mycket uppmärksamhet och kom att bli en av vår tids mest berömda tavlor. Det dröjde nästan två år innan tavlan återfanns och kunde återlämnas till museet.

Några som var riktigt notoriska konsttjuvar var nazisterna. Det finns en hel del skrivet i ämnet, till exempel Anders Rydells bok *Plundrarna: hur nazisterna stal Europas konstskatter* (2013) som berättar hur systematiskt nazisterna plundrade Europas konstmuseum, och framförallt judiska konstsamlingar. Framträdande nazister byggde upp egna privata samlingar men de mest berömda konstverken sparades till Hitlers storslagna dröm om att bygga Tredje rikets konstmuseum i den österrikiska staden Linz. Efter krigsslutet hittade man därför tusentals konstverk i magasin, tågvagnar och i hemliga gruvgångar. Man påbörjade direkt efter kriget ett gediget arbete med att hitta rätt ägare till konstverken. I kaoset som rådde efter kriget var det ofta svårt att spåra eller fastställa vem som var ägaren, och i många fall hade ägaren och hela hans släkt dött. På internet kan du idag hitta många databaser som innehåller information om stulen och försvunnen konst, både från krigen och mer vardagliga stölder. Databaserna finns både hos kända polisorganisationer som FBI och Interpol och hos privata aktörer som lootedart.com, lostart.de och artloos.com.

År 1990 blev Gardner konstmuseum i Boston utsatt för en spektakulär kupp. Stölden tog 81 minuter och tjuvarna fick med sig tretton konstverk från samlingarna, däribland *The Concert* av Vermeer och flera verk av Rembrandt, Degas och Manet. För att försöka lösa brottet har museet skapat en virtuell version med bland annat teknik från Google Street View. I den virtuella kopian av museet kan du vandra runt och ibland stöter du på en tom tavelram där något av de tretton stulna konstverken en gång satt/suttit. I museet hittar du mer information om de stulna konstverken och hur de hamnade i museets ägo. Även om konsten är stulen finns den närvarande i museet, dels som tomma ramar men också som dokumentation i form av äldre fotografier som visar tavlan som fortfarande hänger på väggen i museet.

Virtuella gallerier över stulen konst finns det många exempel på. Tate Gallery lanserade under 2012 *The Gallery of Lost Art* som var en onlineutställning med konstverk som av olika anledningar inte längre gick att se. Galleriet visade stulna, raderade eller förstörda konstverk som bara fanns tillgängliga som bilder, dokumentation eller skisser. Utställningen var bara tillfällig och avslutades under 2013. Hemsidan *galleryoflostart.com* finns fortfarande kvar men ironiskt nog har galleriet blivit raderat. Det fanns kanske upphovsrättsliga motiv bakom beslutet, men nog känns det lite konstigt att Tate först gör en utställning med konstverk som är försvunna eller förstörda och sedan väljer man att bara efter ett år att radera den digitala versionen också.

Konstnären Ziv Schneider har också skapat ett museum för stulen konst, som man hittar på länken: http://mosa.ziv.bz/. Schneider har byggt sitt museum med hjälp av VR-teknik, vilket gör att besökaren kan ta på sig ett par VR-glasögon och vandra omkring i museet. Museets samlingar består av verk som rapporterats som stulna och som finns i till exempel FBIs och Interpols databaser. Eftersom man inte vet var konstverken finns så har Schneider förlagt utställningen till ett virtuellt rum som saknar reell plats. Det blir också betydligt intressantare och mer pedagogiskt att vandra omkring i ett virtuellt museum än att söka i en databas med stulen konst. Besökaren får under sitt besök en guidad visning där en röst berättar mer om konstverken. Syftet med museet för stulen konst är att öka allmänhetens kunskap om konststölder och hjälpa till så att verken kan återfinnas. I Schneiders museum är det inte bara berömda tavlor som finns utställda utan även kulturhistoriska verk som stulits från museum i Afghanistan och Irak. Under krigen plundrades många museer i länderna på värdefulla föremål som sedan såldes och fördes ut ur landet.

Pippin Barrs version av *The Stolen Art Gallery* är inspirerad av Schneiders museum men Barr har vänt på konceptet. Även här är det ett virtuellt galleri som man kan vandra omkring i, men när man kommer in i galleriet är det tomt. På väggen eller sockeln sitter en lapp med information om konstverket men själva objektet är borta, det är helt enkelt stulet. Barr visar inte de stulna konstverken utan själva stölden. För även om vi virtuellt kan återskapa konstverken så är originalet fortfarande försvunnet och en ram eller sockel gapar tom på något konstmuseum någonstans i världen. Det är själva förlusten av verken och det tomrum som stölden har skapat som Barr har gestaltat och det är kanske det som är viktigt i sammanhanget. Att vi kan skapa en virtuell kopia av ett konstverk är visserligen imponerande, men museerna och samlarna vill trots det ha tillbaka det riktiga konstverket.

Konstmuseet på åsnans rygg

Donkey Institute of Contemporary Art (DICA) var ett ambulerande konstgalleri som färdades längs Beijings gator under sommaren 2009. Det som skiljde DICA från andra ambulerande gallerier var att det var en åsna som fraktade runt utställningen. Bakom projektet stod konstnärsduon Michael Yuen and Yam Lau som bland annat visade videokonst och artist's books från åsnans rygg.

Tanken med DICA och många andra alternativa utställningsrum är att bryta sig loss från den vita kuben och den institutionella konstscenen för att söka upp och möta en ny publik. Det finns många kreativa lösningar på hur ett galleri kan se ut. Det kan vara en husvagn som byggs om till ett galleri, en resväska med konstverk, eller ett USB-minne som placeras ut i stadsrummet.

Före 1800-talet fanns den mesta konsten i privat ägo. Det var främst rika människor som samlade konst och fyllde sina privata bostäder, slott och palats med konstverk. Kyrkan var egentligen ett av de få offentliga ställen där allmänheten kunde ta del av konsten. Det var först under 1800-talet som idéen om att visa konst för allmänheten började växa fram. Det var också under den här tiden som nationalmuseum skapades för att samla, bevara och visa nationens konstskatter. Även om museerna var öppna för allmänheten insåg många konstnärer snart att det vara många som aldrig besökte museerna, av olika orsaker. Den struktur och hierarki som fanns inom institutionerna upplevdes av andra konstnärer som hämmande och man började fundera på hur man skulle kunna visa konst på andra, alternativa sätt.

Marcel Duchamp skapade 1941 *Box in a Valise* som var ett portabelt museum som rymdes i en resväska. I väskan fanns miniatyrer, fotografier och reproduktioner av Duchamps verk. Det var bara att ta med sig resväskan och öppna den så var utställningen klar. Det lilla formatet har även lockat Hans Ulrich Obrist vars *Nanomuseum* ryms i fickan. Obrist startade museet 1994, men det visade sig att det fanns en nackdel med det lilla formatet. Konstnären Douglas Gordon som 1998 hade det lilla museet i sin ägo tappade bort det under en barrunda i Glasgow. Nanomuseet har dock återuppstått under åren och 2014 tog man det naturliga steget och gjorde en digital version av museet. I början av 2014 curerade Hans-Ulrich Obrist en nanoutställning med verk av Chris Marker i Water McBeers onlinegalleri. Det är inte bara konsten i Water McBeers galleri som är digital utan även besökarna. Galleriet har nämligen som vana att Photoshoppa in kända personligheter i bilderna från det digitala vernissaget. Den digitala revolutionen har på många sätt förändrat vårt sätt att uppleva konst och även gjort det möjligt att visa konst på många nya sätt.

Det digitala minimuseet återfinns därför i flera olika skepnader. Den italienska curatorn Domenico Quaranta har skapat *The MINI Museum of XXI Century Arts*. MINI-museet består av en 7" digital fotoram med ett USB-minne på 4GB, och lämpar sig för att visa dagens digitala konst i form av bilder, video och musik. Quaranta säger att all samtida konst inte är gjord med digitala medier, men all samtida konst kan överföras till digital form och visas på en digital fotoram och lagras på ett USB-minne. Museet skickades runt till olika konstnärer med början den 15 oktober 2010. Varje konstnär får sedan lägga in sitt eget bidrag på USB-minnet och arrangera en utställning med konstverket. Därefter bestämmer konstnären i sin tur till vilken konstnär hen ska skicka museet vidare. Urvalet fortsätter tills USB-minnet är fullt och utställningen därmed är klar och kan återlämnas till museets direktör Domenico Quaranta.

Den tyska konstnären Aram Bartholl har även han skapat flera olika alternativa sätt för att ställa ut konst. I projektet *Dead Drops* (2010) har Bartholl placerat ut USB-minnen på olika ställen i staden. De kan användas för att anonymt ladda upp och ladda ner filer till datorn. Det är en form av fildelningsnätverk som är som hämtad ur en spionfilm. USB-minnena skulle också kunna användas för att sprida konst. Konstnärer skulle kunna ladda upp bilder, filmer eller ljudfiler så att dessa "dead drops" fungerade som små konstmuseum runt om i stadsrummet. Bartholl har även skapat konceptet med *Speed Show* som han presenterade i juni 2010. Det är ett manifest om hur man enkelt kan starta ett galleri och presentera en utställning med internetbaserad konst. Det enda man behöver göra är att hyra alla datorer på ett internetcafé och på dessa visa ett urval konstverk under en kväll. Det enda som krävs är att konstverken finns tillgängliga på nätet och kan köras i en vanlig webläsare. Det är inte tillåtet att förändra internetcaféets lokaler på något sätt och utställningen ska vara öppen för alla intresserade. Speed Show-konceptet är också öppet och får fritt användas av vem som helst. Det enda som krävs är att man har ett par datorer anslutna till internet på en publik plats för att man ska kunna skapa en net.art-utställning. Speed Shows har arrangerats i bland annat Berlin, Wien, Amsterdam och New York. På Bartholls hemsida finns utförlig dokumentation och inspiration för den som vill använda sig av konceptet och göra sin egen Speed Show.

Bring Your Own Beamer (BYOB) är ett annat flexibelt utställningskoncept som utvecklats av konstnären Rafaël Rozendaal. Här är tanken att man bara behöver en projektor och en dator för att kunna visa konst på alla möjliga ställen. Det man behöver är en lämplig plats för att projicera konst, det kan vara utomhus eller inomhus. Sedan bjuder man in konstnärer och ber dem att ta med sig sin egen projektor för att visa sin konst. De svenska konstnärerna Kalle Brolin och Kristina Müntzing har i *Sunshine Socialist Cinema* skapat ett liknande koncept. Deras bio består av en solcellsdriven projektor som laddas upp under dagen och som sedan gör det möjligt att visa film på natten i länder där det är ont om elektricitet eller på platser utan ström. I båda fallen handlar det om hur man använder enkla tekniska hjälpmedel för att visa konst på okonventionella platser.

Idag bär nästan alla människor med sig ett eget konstmuseum i fickan utan att vara medvetna om det. Våra mobiler kan enkelt användas för att visa konst på. Chiara Passa har till exempel utvecklat *WAG* som är ett minigalleri som varje månad visar en ny utställning i din mobil. Museet finns som en app till din telefon och konstverket visas i ett litet vitt rum, helt enkelt en white box. Konstverken är anpassade för mobilformatet och i många fall rör det sig om animerade gifar som Chantal Rousseaus verk *Oh deer* som ställdes ut i mars 2015. På golvet i det vita rummet ser man en hjort som försöker ta sig upp från det hala golvet men som hela tiden misslyckas. Hjorten utför ett Sisyfosarbete där den befinner sig i en evig loop utan möjlighet att ta sig därifrån.

Även om allt mer av konsten blir digital och skulle kunna visas i mobiler eller på andra bärbara enheter så finns det även många andra okonventionella sätt att ställa ut konst på. År 2012 arrangerades i Kanada världens första konvent för portabla gallerier (WPGC). Bland de medverkande gallerierna kan man nämna Alopecia Gallery som består av ett utrymme på konstnären Gordon B. Isnors ansikte. Under WPGC 2012 visade galleriet ljudkonstverket *Heroin Song* av konstnärsduon Duke & Battersby genom att två små högtalare limmades fast på Isnors hals. Ett annat portabelt galleri var Hannah Jicklings *Coat of Charms*. Galleriet består av en trenchcoat som konstnären går omkring med och som på insidan har fickor där konst kan förvaras. Under konventet visade hon olika kalejdoskop som besökarna fick titta i. En baktanke med "blottargalleriet" är att leka med det voyeuristiska mötet som uppstår mellan konsten och konstnären.

Ett något mer udda val av gallerilokal har konstnärerna Sam Pulitzer and Mathieu Malouf valt. William Gallery hittar du nämligen på 5e våningen av 179 Canal street i New York i en soptunna. I soptunnan arrangerar konstnärerna olika utställningar i dialog med det skräp som för tillfället finns i soptunnan. Skräpet blir ett råmaterial som är i ständig förändring och rörelse och som ingår i ett kretslopp som ger nya ingångar till konsten. Det finns som sagt många olika former av portabla gallerier, microgallerier, pop-up gallerier eller andra former av flexibla och tillfälliga utställningslösningar. Det som är gemensamt är att de på ett kreativt och oväntat sätt gör det möjligt att visa konst på nya platser för en ny publik. Det är egentligen bara fantasin som sätter stop för var och hur man kan visa konst.

Tiggarrobotar och heliga trashankar

Fattigdomen har följt civilisationen som en skugga. I brist på sociala nätverk och andra vägar till försörjning har människor under många perioder i historien tvingats tigga för sin överlevnad. I Sverige har vi länge varit förskonade från tiggeriet i större skala eftersom vårt välfärdssamhälle har fångat upp många människor som hamnat i nöd. De senaste åren har det dock hänt något. Vi ser allt fler tiggare från andra länder på våra gator som inte har tillgång till det svenska välfärdssystemet. Politiker och hjälporganisationer söker därför efter nya strategier för att hantera den uppkomna situationen. Det förs en livlig debatt i olika medier, och inom konsten har tiggaren återkommit som ett motiv. Ett motiv som sedan länge varit försvunnet från den svenska konstvärlden.

Historiskt sett så har svält, krig och bristande sociala skyddsnät bidragit till att människor hänvisats till att tigga på gator och torg. Det finns dock något paradoxalt i tiggandet. Den vanliga tiggaren beskrivs ofta som en vagabond, en trashank som kanske ställer till problem eller rent av kan betraktas som kriminell. Samtidigt bygger de flesta religioner på en barmhärtighetstanke. Om man självmant väljer att avstå från det världsliga i livet, leva sitt liv i armod och ta emot allmosor, betraktas det som ett tecken på en god själ och en stabil karaktär. Helgonet Franciskus av Assisi var son till en rik tyghandlare men efter en uppenbarelse lämnade han allt bakom sig för att leva bland de spetälska och försörja sig som tiggare. Assisi grundade Franciskanorden som var en munkorder där anhängarna skänkte bort all sin egendom och levde på allmosor.

Även Siddharta Gautama kom från en välbärgad familj. Han var son till en furste men kom att bli ihågkommen för eftervärlden som Buddha och grundare av buddhismen. Inom buddhismen finns det många munkordnar som precis som franciskanerna avsäger sig allt det världsliga och lever på allmosor från sina medmänniskor. Dessa heliga tiggare har i historien och konsten framställts som dygdemönster och förebilder medan vanliga tiggare ofta ses som en belastning för samhället. Tydligen ska man vara rik och självmant avsäga sig sin egendom för att sedan leva på andras bekostnad för att betraktas som en god tiggare av samhället, och inte ha oturen att födas fattig och tvingas tigga för sin överlevnad.

1600-talsmålaren El Greco har gjort flera målningar av Franciskus av Assisi. Trots att Assisi kan betraktas som en tiggande trashank som levde i armod så avbildas han av El Greco med värdighet. Han framställs som en idealiserad och sympatisk person med vackra ansiktsdrag. En from människa som trots sitt armod lever sitt liv med värdighet och stolthet uppfylld av sina religiösa ambitioner. Även i fresker av den italienska 1200-tals konstnären Giotto di Bondone framställs Assisi som det helgon han var, med gloria och allt. Generellt kan man säga att den religiösa bilden av det tiggande helgonet oreserverat framställs i positiv och sympatisk dager i konsthistorien.

Den flamländska målaren Pieter Bruegel den äldres skildringar av tiggare är inte lika smickrande. I *Tiggarna* från 1568 ser man ett par människor som blivit av med sina ben och som tvingas hasa sig fram på knäskydd av trä och kryckor. Tiggarna ser lustiga ut med sina udda kläder, sina ansiktsuttryck och sina sätt att ta sig fram. Målningen är förmodligen en allegori med satiriska undertoner eftersom tiggarna bär olika huvudbonader som kan tolkas som olika samhällsklasser. Även i Bruegels mest kända motiv av tiggare från samma år, *En blind leder en blind,* finns ett satiriskt budskap i motivet. Målningen visar en grupp blinda tiggare som leder varandra på landsvägen. När den första ramlat ner i en grop följer de andra ovetande om faran efter, och ramlar en efter en ner i gropen. I de här motiven använder Bruegel tiggarna som ett komiskt element. Bilden av tiggaren är inte längre idealiserad utan det är snarare frågan om karikatyrer. Den visar människor som inte kan försörja sig på grund av att de lider av olika funktionsnedsättningar, som blindhet eller att de saknar ben. Människorna är trashankar, med grova ansiktsdrag, fula, som levt ett hårt liv och som får kämpa för att överleva dagen. Det är bilden av tiggaren som vi helst inte vill se, den utstötta, den utelämnade som drar sig fram i livets smuts i utkanten av samhället.

Det finns ytterligare en bild av tiggaren i konsthistorien och det är den romantiserade. Sir William Beechey var en engelsk porträttkonstnär som levde på 1700-talet. I verket *Porträtt av Sir Francis Fords barn som ger ett mynt till en tiggarpojke* (c.1793) hittar vi ett romantiserat sätt att avbilda tiggaren. De rika barnen i sina finaste kläder visar barmhärtighet och godhet när de ger den utsvultna tiggarpojken en slant. Sir Ford var en rik plantageägare så hans barn hade råd att ge bort en slant till en stackars tiggare. Att välbärgade människor skänkte till välgörenhet eller på olika sätt bidrog till att hjälpa människor i nöd var inte ovanligt. Det ansågs som en del av den kristna barmhärtighetstanken. I Beecheys tavla beskrivs dock fattigdomen på ett romantiserat sätt med rödkindade barn, hund och en blek tiggarpojke med ett änglaliknande ansikte. När vi ser Beecheys porträtt har vi svårt att föreställa oss att tiggarpojken på målningen i framtiden kommer att ligga döende av svält i en dikesren utan att någon bryr sig om honom. Det verkar snarare som ett motiv hämtat ur en roman av Charles Dickens. Den föräldralösa pojken är kanske egentligen son till en välbärgad familj och kommer i slutat av sagan att återförenas med sina släktingar och få mat, värme och kärlek. Tiggandet var bara en prövning för att prova och stärka pojkens karaktär.

I dagens samhälle går ofta hemlöshet och tiggeri hand i hand. Även i rika välfärdsstater hamnar många människor utanför samhället. USA är ett land med många kontraster och stora ekonomiska klyftor där man kan hitta många hemlösa på storstädernas gator. Konstnären Andres Serrano fotograferade under flera månader under 2014 hemlösa i New York. Fotografierna visades sedan på publika ställen som på annonstavlor i tunnelbanan. Serrano kallade projektet *Residents of New York* för att visa att även dessa utsatta människor var en del av New Yorks befolkning. Att de hade ett ansikte, ett namn och drömmar precis som alla andra av New Yorks innevånare. Ofta blir tiggarna en anonym grupp eller ett problem, men i konsten kan de få komma till tals som individer där var och en har en unik berättelse.

Pappersmuggen har i dag blivit ett attribut som vi förknippar med tiggaren. Denna engångsmugg som fungerar som en kopp för att samla upp allmosor har konstnären Aldo Rojas i projektet *Homeles's Cups: Cups bought to homeless people of Mexico City* (2010) ställt ut i montrar, som om de var värdefulla konstföremål. Slitna, solkiga engångsmuggar från till exempel Starbucks och Burger King, blir också en bild av den ekonomiska klyftan i samhället. På den ena sidan hittar vi de stora internationella kedjorna som säljer muggarna och på den andra sidan tiggaren som sitter och tigger med muggen. Tiggaren kan jämställas med engångsmuggen. Det är helt enkelt billigare att göra nya muggar än att skapa muggar som är bestående. Det synsättet gäller också för människosynen i samhället. Det är enklare att anställa en ny person än att rehabilitera eller hjälpa någon som hamnat utanför. Människor betraktas i många fall som engångsvaror och när de tjänat sitt syfte riskerar de att hamna på gatan som en engångsmugg.

I Sverige är det främst konstnären och forskaren Cecilia Parsberg som intresserat sig för tiggarnas situation. Inom ramen för sin doktorandutbildning har hon arbetat med det konstnärliga projektet *How do you become a successful beggar in Sweden?* Projektet började 2011 som en reaktion på att antalet EU medborgare som via den fria rörligheten tog sig till Sverige för att tigga på gatorna ökade markant. Parsberg vill i sitt konstnärskap undersöka hur bilden av tiggaren ser ut i dagens samhälle. I projektet ingår både dokumentära och konstnärliga delar i form av performance, film och foto. I fotoserien *Sovplatser på gatan* (2015) och *Garderober på gatan* (2015) har Parsberg dokumenterat tiggarnas vardag. *Kropp på gata* är en performance som utspelar sig i gaturummet. Olika människor placeras liggande på gatan i staden, som en sympatihandling med tiggarnas situation. Människorna blir en anonym kropp i gaturummet som ligger passiv medan övriga människor passerar förbi. I filminstallationen *The Chorus of Giving and The Chorus of Begging* (2014) har Parsberg däremot försökt att dramatisera gatuscenen där två körgrupper sjunger mot varandra. I körens sång gestaltas de som tigger och de som ger och de som inte ger till tiggare.

Det är svårt att säga något om tiggeriets framtid, men på många platser i världen har man redan förbjudit människor från att tigga i shoppingcentrum och på andra kommersiella platser. Den slovenska konstnären Sašo Sedlaček gjorde därför ett socialt experiment och byggde sin första tiggarrobot 2006. Eftersom människor inte får tigga på vissa platser där det finns många människor med pengar byggde han en robot som han sedan ställde utanför ett köpcentrum. Roboten är hopbyggd av återanvända gamla datordelar och det finns instruktioner så att vem som helst egentligen kan bygga sin egen robot enligt Do It Yourself (DIY) principen. Tiggarroboten har provats i Slovenien, i Japan och i Taiwan och resultatet har varit positivt. Roboten lockade till sig många intresserade människor och drog in en del pengar. Antagligen för att människor tyckte det var kul att ge roboten pengar, men kanske också för att det är lättare att skänka pengar via ett anonymt tekniskt gränssnitt än att se en tiggare i ögonen och påminnas om att om man har riktigt otur i livet så skulle man kunna hamna i samma situation. Tiggarroboten är ingen lösning för de enskilda tiggarnas situation men skulle kunna fungera som kontrollerade insamlingsstationer för att hjälpa en grupp människor som är i behov av hjälp.

I en avlägsen framtid kommer kanske de mänskliga tiggarna att få konkurrens av utgångna robotar som tigger på gatorna. I den animerade filmen *Robots* (2005) återfinns en dystopisk samhällsbild, som berättar om en värld där man vill göra sig av med de som inte passar in i det kapitalistiska slit och släng samhället. En ny chef har tagit över Bigweld Industries och lanserar en snudd på nazistisk ondskefull plan. Man slutar att sälja reservdelar till gamla robotar och erbjuder bara dyra uppgraderingar. Robotar som inte har råd att anpassa sig till den nya marknaden kommer att skrotas och smältas ner. Bara de starka får finnas kvar. För de svaga robotarna blir det en kamp om att hitta reservdelar och hålla sig vid liv. Det känns som om filmen *Robots* skulle kunna handla om situationen för många tiggare och hemlösa runt om i världen.

Svartsjuka, otrohet och brustna hjärtan i konsten

De står nära varandra, sammankopplade som en enhet, omgivna av ett rött varmt sken. Mellan de två älskande växlas romantiska strofer av poesi. Men kärleken är bedräglig, ett virus smittar den en av dem och långsamt bryts minnet ner, beteendet förändras, missförstånd och konflikter uppstår. Förhållandet mellan dem raserar.

The Lovers (2001) heter Sneha Solank installation som består av två datorer som är sammankopplade i ett nätverk. En av dem är infekterad med ett datavirus som smittar den andra datorn genom att överföra viruset gömt i filer med romantisk poesi. Viruset orsakar skador i operativsystemet så att datorn börjar bete sig märkligt. Man kan överföra denna datoranalogi till människor. För även om kärleken till en början verkar vara rosenröd smyger sig det ibland in ett virus i förhållandet som fyller det med svartsjuka, svek och otrohet som leder till konflikter och brustna hjärtan.

Otrohet och brustna hjärtan är i konsten inget nytt fenomen. Bland alla motiv om otrohet finns det en märklig och underhållande berättelse som sticker ut. Den franska 1700-tals konstnären Pierre Subleyras har skildrat berättelsen i verket *Packsadeln* (1732). Ursprunget till målningen är ett poem av den franska författaren Jean de La Fontaine som handlar om en konstnär som misstänker att hans fru är otrogen och därför målar en åsna ovanför fruns sköte för att skydda hennes kyskhet. Mannens vän som också är konstnär upptäcker målningen av åsnan och kopierar den innan han har sex med hans fru. Efteråt målar han tillbaka åsnan men lägger till en packsadel på bilden. När den äkta mannen ser målningen upptäcker han förändringen och inser att han blivit bedragen. Subleyras har skildrar det hela ganska explicitet i sin målning. På bilden ser vi mannen som står på knä med pensel och palett framför sin frus blottade sköte och målar åsnan på hennes nakna hud.

Den bedragna är ett återkommande inslag i litteraturen, teatern och konsten. Ofta finns det komiska undertoner som i den tyska 1700-tals konstnärens Christian Wilhelm Ernst Dietrich målning *Överraskningen eller uppräckten av otrohet*. På bilden ser vi hur en dam och en herre ligger och kramas i buskarna då ett helt sällskap plötsligt dyker upp. Den unga mannen i svarta kläder på marken som sträcker ut sin hand hör uppenbarligen ihop med den svartklädda damen som nyss dykt upp bakom buskarna. Frun har nu fått hjälp med att upptäcke mannens äktenskapsbrott genom en liten putto som med en fackla i handen ha lett henne fram till platsen där brottet begicks. Bredvid mannen på marken och den andra kvinnan står å andra sidan Cupido med en pil i handen och ett oskyldigt leende på läpparna. Det hela verkar vara frågan om en klassisk "honeypot" iscensatt av gudarna. Cupido har "råkat" göra mannen vansinnet förälskad i kvinnan och han har fallit för frestelsen medan putton å andra sidan har tagit med sig frun och hennes sällskap på en liten promenad i parken där han bara "råkat" leda henne rakt in i deras kärleksnäste. Betraktaren kan bara skratta åt deras snöpliga situation.

De flesta fall av otrohet lämnar nu inte ett komiskt skimmer över sig utan skapar istället djupa sår hos de drabbade och anhöriga. Konstnären Louise Bourgeois hade en pappa som var otrogen vilket tog hennes mamma hårt och som även satta djupa spår hos Louise. För Bourgeois har pappans otrohet varit en viktig inspirationskälla och återkommande tema i hennes konstnärskap. I verket *Cell XXV (The View of the World of the Jealous Wife)* (2001) ser vi en rund stålbur där en klänning hänger från taket och på golvet ligger två jättestora ägg. Det är ett verk som speglar instängdhet, avskildhet och ensamhet från den övriga världen. Känslan av att bli övergiven och förskjuten från någon man älskar och svartsjukan som gnager i själen.

Frida Kahlo och Diego Rivera är ett annat konstnärpar som hade ett stormigt förhållande som innehöll mycket passion men även många konflikter. Efter att ha tillbringat några år i USA beslöt sig paret 1935 för att flytta hem till Mexico. Slitningarna i äktenskapet blev inte bättre av att Rivera strax efter hemflytten var otrogen med Fridas yngre syster Christina. Det var förstås ett hårt slag för Frida. Trots sveket hade Kahlo svårt att släppa Diego eftersom de på många sätt var så sammanflätade både känslomässigt och yrkesmässigt. I målningen *Diego on my mind* (1943) har Frida målat av sig själv och i sin panna tecknat ett porträtt av Diego. Frida har inte bara Diego i sina tankar utan rent konkret målat hans ansikte på pannan. Det är väl det som är det svåra med kärleken att den etsar sig fast i våra minnen och fyller våra sinnen med starka känslor som vi inte bara kan skaka av oss och gå vidare.

En mer samtida konstnär som har behandlar brustna hjärtan är den tyska konstnärinnan Astrid Klein som 2010 gjorde en utställning på ett galleri i Berlin med titeln *Broken Hearts*. I utställningen ställde konstnären ut två skulpturer *Broken Heart I* och *Broken Heart II* som bestod av två avlånga spegellådor på ben. På den ena skulpturen hade speglarna blivit krossade med en hammare och på den andra var det fullt med kulhål längs sidorna. Alla vet hur ett brustet hjärta känns. Som om någon har gått sönder inom en och världen känns splittrad och fragmentarisk precis som en krossad spegel. Det är det som Klein vill gestalta i sina spegelskulpturer.

Inga uppbrott är lätta men att bli dumpad genom ett kort SMS eller genom ett mail brukar anses som det värsta som kan hända en. Det senare hände den franska konstnären Sophie Calle vars pojkvän avslutade uppbrottsmailet med raden: *"I would have liked things to have turned out differently. Take care of yourself."* Eftersom Calle är konstnär beslöt hon sig för att undersöka vad texten egentligen innebar och använda resultatet när hon ställde ut i den franska paviljongen i 2007 års upplaga av Venedig Biennalen. Hon skickade därför mailet till 107 kvinnor med olika yrkesbakgrund från psykolog till advokat och bad dem tolka innebörden. Deras svar blev sedan till en utställning i olika medier där frasen upprepades och tolkningarna presenterades. Egentligen är det en ganska förnuftig reaktion att låta andra tolka ett sådant här budskapet på ett objektivt sätt. Det är inte alltid man kan förlita sig på sina egna känslor och omdömen i uppbrottets hetta. Man kanske förebrår sig för det inträffade och i onödan lägger allt för stor skuld på sig själv.

Man brukar säga att nyförälskade är synkroniserade som klockor eftersom de gör allt likadant. I Gonzalez-Torres verk *Untitled (Perfect Lovers)* (1991) hänger två exakt likadana klockor bredvid varandra på väggen. Klockorna är från början synkroniserade och tickar hemtrevligt ikapp som två turturduvor men en avvikelse i urverket gör att den ena klockar börjar sakta efter och den andra dra ifrån. Frågan är nu om man kan nöja sig med denna defekt i ett förhållande? Finns det en tolerans hos de älskande när den ena personer börjar gå åt ett annat håll eller kommer det att leda till en brytning? Dagens skilsmässostatistik ger en fingervisning om att många äktenskap verkar tar slut när de parterna befinner sig i olika tidszoner. Gonzalez-Torres menar att det behöver inte var så utan att man kan se det som två berättelser och att man måste lära sig att uppskatta och ha förståelse för den andres väg i livet.

För alla med brustna hjärtan framstår förstås Alla hjärtans dag som en riktig pina. Det är då man ser alla de andra förälskade paren som vandrar omkring med drömmande blickar svävande på små fluffiga rosa moln inneslutna i sina egna små kärleksvärldar. En tröst kan då vara att besöka *Museum of Broken Relationships* som lämpligt öppnade på Alla hjärtans dag 2013 på Boulder Museum of Contemporary Art i USA. Museet som är ett kringresande museum startades 2006 av Olinka Vistica och Drazen Grubisic i Zagreb, Kroatien. Konstnärerna upptäckte att de hade kvar en del föremål från sina tidigare förhållanden som gulliga nallebjörnar, kärleksbrev och andra artefakter som inte längre symboliserade de varma känslor som dem än gång hade gjort. De beslöt sig därför för att skapa ett museum för sina och andras föremål som symboliserade krossade förhållanden. I museet visas dessa föremål som konstverk med en berättelse om brusten kärlek knuten till varje verk. Risken är väl stor att det är ett museum som i längden kommer att svämmas över med föremål. För brustna hjärtan och ratade kärleksbetygelser finns det gott om i världen.

www.ingramcontent.com/pod-product-compliance
Lightning Source LLC
Chambersburg PA
CBHW020454220526
45464CB00002B/987